Im Namen der Pferde

Christiane Gohl

Im Namen der Pferde

Das kämpferische Leben der Ada Cole

Kosmos

Inhalt

Zum Geleit

Im Namen der Pferde ist ein biographischer Roman, wobei die Betonung auf ›Roman‹ liegt. Trotz der zeitlichen Nähe – Ada Coles Nachfolgerin Anne Sarah Colvin, geb. Baum, lebte bis in die 90er Jahre des zwanzigsten Jahrhunderts – war die Informationslage denkbar schlecht. Sämtliche Originalzeugnisse Adas, ihre Schriften und Tagebuchaufzeichnungen sind leider verloren gegangen, so daß nur ihre gedruckten Äußerungen als Primärquellen genutzt werden konnten. Auch die Manuskripte ihrer Reden oder Sitzungsprotokolle aus ihrer Zeit waren kaum noch einzusehen. Die Parlamentsdebatten zum Thema ›Tierschutz‹ fanden in der einschlägigen Literatur praktisch keinen Niederschlag. In den Jahren 1911 bis 1930 gab es brennendere Themen für Journalismus und Politik.

Insofern war es meine Aufgabe, die Zeit zwischen den Eckdaten in Adas Entwicklung von der jungen Lady zur engagierten Tierschützerin mit Leben zu füllen. Ich hoffe, ich habe es in ihrem Sinne getan und brauche mich ihrem Zorn nicht zu stellen, falls wir in irgendeinem späteren Leben aufeinander treffen. Meine Zeit und meine Schreibmaschine würden ihr aber auch dann im Namen der Pferde zur Verfügung stehen, denn es sieht nicht aus, als würde ein Engagement für Pferdeschutz im Laufe der nächsten Jahrzehnte überflüssig.

Während in der dritten Welt Arbeitspferde das Elend ihrer Besitzer teilen wie zu Adas Zeiten die Londoner Droschkengäule, malträtiert man in den Industrienationen Sportpferde im Namen des Geldes und des persönlichen Ruhms. Die unseligen Schlachtpferdetransporte halten an – und wieder einmal geht es um Gesetzentwürfe zum Schutz der Tiere, diesmal im Rahmen der Europäischen Gemeinschaft. Das Betätigungsfeld der ILPH ist also nach wie vor groß, und so möchte ich jeden Reiter und Pferdehalter darin bestärken, die Liga zu unterstützen. Nur mit einer großen Lobby können wir etwas ändern, und wir müssen etwas ändern: Alle diese Pferde, vom Turniercrack mit Hufrollenentzündung bis zum polnischen Schlachtpferd, sind unsere Pferde!

Dieses Buch entstand in enger Zusammenarbeit mit der ILPH in England und vor allem ihrer deutschen Vertretung, der Deutschen Vereinigung zum Schutz des Pferdes e.V. (DVSP). Ihre Gründerin und Vizepräsidentin, Gabriele-Serena Siegmann-Ruland, hat dieses Buch angeregt und die Arbeit daran begleitet. Der Kosmos Verlag, selbst Mitglied der DVSP, unterstützt sie mit großzügigen Geld- und Sachspenden und hat sich sofort für die Idee einer Biografie Ada Coles begeistern lassen. Das Westfälische Pferdemuseum in Münster wird das Werk und die Person Ada Coles mit der Aufstellung eines Denkmals würdigen.

Was mich persönlich angeht, so teile ich Adas Traum von einem Altersheim für Pferde. Natürlich ist die politische Arbeit gegen Schlachtpferdetransporte entscheidend, aber als hoffnungslose Romantikerin brauche ich den Anblick glücklicher Pferde auf grünen Weiden. Insofern unterstütze ich auch den ganz persönlichen und unmittelbaren Pferdeschutz durch Organisationen wie die Pferdehilfe, Pro Animalis und die Franz Weber Stiftung für Brumbies in Australien. Und ich freue mich auf einen eigenen Pferdeschutzhof der DVSP.

Adas Traumpony ›Dream‹ ist meinem Welsh-Cob-Fohlen Lagona Grainné nachgezeichnet. Grainné besticht nicht nur durch ihr ungewöhnliches Abzeichen, sondern auch durch unerschütterliches Selbstbewußtsein und sprühendes Temperament. Ada Cole hätte sie sicher gemocht.

Im Juni 1997 — Christiane Gohl

Eine Reise in die Zeit

Neid war eine Sünde, und das kleine Mädchen schämte sich pflichtschuldig. Aber andererseits ließ sich das brennende Gefühl der Mißgunst auch nicht ohne weiteres abstellen. Ada wußte, sie hätte um Geduld und Demut beten sollen, aber alles, was sich in ihr regte war Neid und Wut. Es war einfach nicht gerecht! Es war nicht fair, daß William und Arthur mit ihren Ponys über die maigrünen Weiden sprengen durften, während Ada züchtig neben ihrer Mutter im Gras sitzen sollte. Dieser Tag war zu schön, um ihn im Schatten zu vertrödeln. Das Mädchen wollte rennen, herumtoben und reiten wie seine Brüder.

Ada sah verstohlen zu ihrer Schwester Effie hinüber. Der schien die gezwungene Untätigkeit dieser Picknickveranstaltung nicht das Geringste auszumachen. Sie plauderte und lachte mit der Tochter ihrer Gastgeber – sicher über so langweilige Dinge wie Jungen oder Cricketgesellschaften. Auch die Unterhaltung der erwachsenen Frauen hatte keinen Reiz für Ada. Das zehnjährige Mädchen konnte Gartengestaltung und Haushaltsführung nichts abgewinnen.

Unauffällig schob Ada sich näher zu ihrem Vater, der mit seinem Freund und Gastgeber Reginald Dunborne etwas abseits saß. Sicher hatten die Männer interessantere Gesprächsthemen. Ada hörte gern zu, wenn ihr Vater von der Arbeit auf der Farm berichtete oder über die wichtigen Ereignisse in London sprach. Mit Mr Dunborne unterhielt er sich meist über Pferde, ein Thema, das Ada besonders aufregend fand.

»Nein, Dolly hat ein Hengstfohlen. Falls du also unbedingt Stutfohlen haben möchtest, mußt du dich unter den anderen Mutterstuten umsehen …« Reginald Dunborne sog an seiner Pfeife und schien angestrengt darüber nachzudenken, welche Fohlen er seinem Freund empfehlen konnte. Er war ein bekannter Pferdezüchter, dessen Tiere weit über die Grenzen der Grafschaft hinaus berühmt waren.

Ada lauschte gespannt. Ihr Vater hatte schon oft davon gesprochen, ein gutes Kutschpferdegespann zusammenzustellen, aber für den Kauf ausgebildeter Pferde warf die Farm nicht genug ab. Bei jungen Pferden sah das anders aus.

»Schauen wir uns doch einfach mal um. Wo hast du die Pferde?« Edward Cole klopfte seine Pfeife aus und stand auf. Reginald Dunborne tat es ihm nach und rief seine Hunde. Das Gelände von Dunborne Manor war weitläufig. Wahrscheinlich brauchte er die Hunde, um seine Pferdeherden heranzutreiben. Ada war hin und her gerissen zwischen der Auflage, bei den Frauen und Mädchen sitzen zu bleiben, und dem Wunsch, den Männern zu folgen. Sie hätte Dunbornes Pferde zu gern gesehen – und vielleicht würde ihre Mutter sie ja gar nicht vermissen … Mit klopfendem Herzen folgte das Mädchen den Männern.

Reginald Dunborne führte Edward vom Picknickplatz fort und auf eine riesige Weide. Ada schlüpfte hinter ihnen unter dem Zaun durch. Sie duckte sich hinter einen Busch, als Dunborne nach seinen Hunden pfiff.

»Sucht die Pferde, los, sucht die Stuten und Fohlen!«

Die drei jungen Jagdhunde ließen sich das nicht zweimal sagen. Sie schossen los und rannten wie drei braune Blitze an Ada vorbei.

»Wartet doch!« flüsterte Ada, aber natürlich hörten die Hunde nicht auf sie. Das Mädchen rannte ihnen ein Stück hinterher, doch die langen Röcke und unbequemen Schnür-

schuhe ließen kein großes Tempo zu. Enttäuscht gab Ada nach ein paar Metern auf.

Aber dann, während sie noch Atem holte, sah sie die Pferde!

Die Hunde mußten sie gleich hinter dem nächsten Hügel gefunden und zusammengetrieben haben, und nun jagten sie die Herde kläffend vor sich her. Ada bedachte keine Sekunde, sie könne den galoppierenden Pferden im Weg stehen und womöglich überrannt werden. Gebannt verharrte sie mitten auf der Weide und starrte der Herde entgegen. Dolly, die alte Leitstute, lief vorn, ein imponierend großer Fuchs mit langer, flatternder Mähne. Ihr schwarzes Fohlen rannte neben ihr und hielt mühelos Schritt. Dann folgten die anderen Stuten und Fohlen: Braune, Rappen, Füchse, vereinzelt ein Schimmel. Dunbornes Herde bestand hauptsächlich aus großen Jagdpferden, Halb- und Vollblutstuten, aber dazwischen erkannte Ada auch ausgeprägte Ponyköpfe und dicke, stehende Mähnen. Die meisten Stuten hatten bereits gefohlt, und die Jungtiere liefen bei Fuß, tupften das Gras mit winzigen Hufen.

Fast hatten die Pferde das Mädchen erreicht. Einen Herzschlag lang fürchtete Ada, von der Leitstute gestreift zu werden, aber dann teilte sich die Herde vor ihr, und plötzlich befand sie sich mitten in einem Wirbelsturm von Pferdeleibern, wehenden Mähnen und Schweifen. Ada hätte die Hände ausstrecken und die Pferde berühren können, aber sie stand nur wie verzaubert da und nahm das Trommeln der Hufe, den Geruch nach Pferdeschweiß und das wilde Gefühl von Freiheit und Geschwindigkeit in sich auf. Da plötzlich raste ein braunes Ponyfohlen direkt auf sie zu. Der Anblick des Menschen inmitten der Herde irritierte die kleine Stute. Sie zog nicht an Ada vorbei, sondern rammte die Hufe in den Boden und blieb vor ihr stehen. Atemlos blickte Ada in ihr hübsches Ponygesicht und sah in aufmerksame, dunkle Augen. Unter einem kurzen schwarzen Stirnschopf blinkte ein tropfenförmiges Abzeichen, in dem ein lustiger, brauner Punkt schwamm. Das Fohlen betrachtete das Menschenkind ebenso fasziniert, und als Ada vorsichtig die Hand hob, berührte es sie mit seiner winzigen, weichen Nase. Dann aber war der Bann gebrochen. Die Mutter des Fohlens, eine kräftige schwarze Cob-Stute, bemerkte das Fehlen ihres Nachwuchses, stieß ein helles Wiehern aus und wollte umdrehen. Einer der Hunde hinderte sie daran, aber schon folgte das Fohlen ihrem Ruf. Leichtfüßig sprang es um Ada herum, machte ein paar tanzende Trabschritte und setzte sich in Galopp.

Ada beobachtete, wie es sich wieder an der Flanke seiner Mutter einordnete und mit dem Wind davonschoß. Lange sah sie den Pferden nach, die längst hinter dem Hügel verschwunden waren.

Ada hätte das Gefühl nicht beschreiben können, das die Berührung des Fohlens in ihr hinterließ. Es lag irgendwo zwischen Lachen und Weinen, Stärke und Einsamkeit und dem unbändigen Drang nach Freiheit. Sie hatte sich noch nie im Leben etwas so gewünscht wie dieses Fohlen! Sie mußte es gar nicht reiten. Nur da sein sollte es, mit dem Wind rennen, für sie rennen ... Sie wäre so gern mit den Pferden gerannt ...

Ada Cole erwachte vom Klang der Kirchenglocken und vom Holpern der ersten Wagen auf der Straße vor ihrem Cottage. Es war noch früh, gerade erst sechs Uhr, aber die Gewohnheit, vor Tau und Tag aufzustehen, stammte noch aus ihrer Ausbildungszeit als Krankenschwester und war fest in ihr verankert. Dabei gab es für Ada seit Jahren keinen Frühdienst mehr, und der Traum von jenem sonnigen Maitag in ihrer Kindheit war verlockend und selten. Ada wickelte sich noch einmal in ihre Decke und versuchte, in ihre Traumwelt zurückzufinden. Aber jetzt meldete sich Ben, ihr englischer Schäferhund, mit beharrlichem Kratzen an ihrer Schlafzimmertür. Ada gab es auf. An diesem Morgen würde sie keinen Schlaf mehr bekommen. Außerdem mochte es gut sein, gerade heute früh aufzustehen. Ihr Zug nach London fuhr gegen zehn, und so konnte sie Ben vor der Bahnfahrt noch einen ausgiebigen Spaziergang gönnen. Ada zog die Vorhänge vor ihrem Fenster zur Seite und sah in einen Aprilmorgen, fast so strahlend wie der Picknick-Tag in ihrem Traum. Noch angeregt durch die Erinnerung an das braune Fohlen, das so viele Jahre zuvor ihr Herz gewonnen hatte, ging sie summend in die Küche, um Tee aufzusetzen. An der Haustür klapperte der Zeitungsjunge. Ada holte sich die ›Times‹ in ihr winziges Wohnzimmer und las, während sie frühstückte:

»Vote for Woman!
Streit um Frauenwahlrecht tritt in neue Phase!
Es ist schwer zu sagen, was das ehrenwerte House of Parliament gestern mehr mit Lärm erfüllte, das Dröhnen der Hämmer oder die Protestschreie der Damen. Wieder einmal mußten demonstrierende Vertreterinnen der Suffragettenbewegung mit Gewalt aus dem Unterhaus entfernt werden, und diesmal machten sie es der Obrigkeit alles andere als einfach. Annie Kenney und ihre Mitstreiterinnen hatten sich mit Ketten an der Treppe zu den Zuschauertribünen angeschlossen. Um sie zu befreien, war der Einsatz eines handfesten, aber sichtlich peinlich berührten Schmiedegesellen notwendig. Der Beginn der Parlamentsdebatte mußte über eine Stunde verschoben werden ...«

Ada lächelte. Miss Kenneys Einfallsreichtum kannte offensichtlich keine Grenzen. Ada selbst verfolgte die Arbeit der »Women's Social and Political Union« seit ihrer Gründung 1903. Als selbständige Frau sympathisierte sie mit den streitbaren Suffragetten. Jetzt, 1911, stand die Entscheidung für oder gegen das Wahlrecht für Frauen wohl kurz bevor.

Ada beendete ihr kleines Frühstück. Sie war morgens nie sehr hungrig, und der Spaziergang in den Dünen lockte sie weitaus mehr als ein ausgiebiges Essen. Gut gelaunt nahm sie Bens Leine vom Haken und trat auf die Straße vor ihrem Cottage. Der Hund folgte ihr begeistert.

Cley next the Sea war ein kleiner Ort, durchzogen von einer einzigen, gewundenen Straße. Seine Pubs und Gästehäuser wirkten anheimelnd und einladend auf erholungsuchende Gäste. Die meisten Bewohner von Cley lebten entweder von der Fischerei oder von der Zimmervermietung. Natürlich war das kleine Seebad nicht so mondän und elegant wie Brighton oder Bath. Es verfügte auch nicht über weitläufige Badestrände oder Kurpromenaden, und die Nordsee brandete so wild gegen das steinige Ufer, daß sie kaum zum Schwimmen einlud. Für Wanderer und Vogelkundler schien der kleine Ort jedoch wie geschaffen, und vor allem anderen lockte die frische, heilsame Meeresluft Menschen nach Cley. Auch Ada war hergekommen, um einen hartnäckigen Husten auszukurieren. Seit einigen Monaten lebte sie von ihren Ersparnissen und den wenigen Pfund Aufwandsentschädigung, die sie als Tierschutzinspektorin erhielt.

Aber jetzt war die erzwungene Untätigkeit vorbei. Vor einigen Tagen hatte der Arzt ihr die Heilung ihrer

Krankheit bestätigt – zumindest hatte er zugegeben, die Tuberkulose sei vorerst zum Stillstand gekommen. Ada schüttelte das etwas klamme Gefühl ab. Sie hatte sich von Anfang an geweigert, die Diagnose der schweren Lungenerkrankung anzuerkennen. Dieser Husten war verschleppt worden und hatte sich festgesetzt – aber jetzt hatte sie ihn auskuriert. Kein Grund, sich weitere Sorgen zu machen.

Ada wandte sich erfreulicheren Gedankengängen zu. Ihre geplante Reise nach Antwerpen zum Beispiel. In den letzten Jahren hatte sie den Besuch bei ihrer Schwester Effie immer wieder geplant und ein ums andere Mal verschoben. Stets war etwas dazwischen gekommen: Wochenlange Exerzitien bei Effie oder ein wichtiges Tierschutztreffen bei Ada, schwierige Zeiten im Rahmen von Adas Arbeit als Gemeindeschwester oder eine plötzliche Berufung Effies zu den Oberhäuptern ihres Ordens nach Paris. Zuletzt Adas Krankheit... Aber nun würden die Schwestern sich endlich wiedersehen.

Ada führte Ben noch einmal zu ihren Lieblingsplätzen in den Dünen. Sie war sich nicht sicher, ob sie nach der Rückkehr aus Belgien noch lange in Cley bleiben würde. Mit Anfang Fünfzig fühlte sie sich längst noch nicht reif für den Ruhestand, aber eine Stellung als Gemeindeschwester würde sich in dem kleinen Badeort kaum finden lassen. Ada hatte bisher hauptsächlich in Industriegebieten und später in einem ärmlichen Vorort von Norwich gearbeitet. Aber all das konnte warten. Zunächst kam die Reise. Ada würde Ben zunächst zu ihrer Halbschwester Daisy nach London bringen und dann nach Ramsgate fahren, um die Fähre nach Antwerpen zu nehmen.

Eine Stunde vor Abfahrt des Zuges war Ada reisefertig. Noch einmal kontrollierte sie den Sitz ihres schwarzen Reisekostüms und ihres Hutes auf dem dunklen, längst grau gesträhnten Haar, das sie zum strengen Knoten gebunden trug. Wie mochte Effie jetzt wohl aussehen? Die zehn Jahre Trennung dürften die Schwester ebenso verändert haben wie Ada. Die Zeit war so schnell vergangen ... Mehr als 20 Jahre seit Effies Eintritt ins Kloster, vierzig Jahre seit der Begegnung mit dem braunen Fohlen, siebenundzwanzig seit sie Croxton Hall verlassen hatten ...

Ada machte sich auf den Weg zum Bahnhof, den Kopf voller Erinnerungen an ihre Kindheit in Thetford. Das Farmhaus bei der Kirche in Croxton, die Blumen im Garten der Mutter ... Die Brüder William und Arthur auf ihren Ponys ... und immer wieder Effie, ihre einzige und liebste Spielgefährtin.

Ada und Effie waren fast gleichaltrig. Die jüngere Schwester kam gerade elf Monate nach Ada zur Welt. Natürlich hatten die Mädchen gemeinsam gespielt und gelernt. Ihre Mutter und die Gouvernante Miss Merrett hatten ihre Erziehung zu jungen Ladys mit Sorgfalt und Strenge betrieben, aber trotzdem fanden die Mädchen noch genug Freiraum, auf dem Farmgelände herumzustreifen. Ada erinnerte sich an ihren kleinen Esel Toughy und den Hofhund Duke, einen mächtigen Bernhardiner. Eine kleine Sensation bildeten die possierlichen jungen Füchse, die der Vater eines Tages mitgebracht und wie Hundewelpen aufgezogen hatte. Ada wußte noch genau, wie flauschig sich ihr Fell angefühlt hatte, als der Vater sie ihr in den Schoß legte. Überhaupt, der Vater ... Edward Cole war mitunter streng gewesen und hatte seine Kinder in bester methodistischer Tradition in heiliger Furcht vor Hölle und Sünde gehalten – aber er war auch lebenslustig und originell in seinen Einfällen. Ada liebte es, wenn er sie mit in den Wald nahm um Vogelstimmen zu hören und zu bestimmen. Manchmal sahen sie dabei auch Rehe, Hasen und Eichhörnchen, und der Vater wußte zu jedem Tier etwas zu erzählen. Ada hatte ihn geliebt und bewundert – bis sie bitter feststellen mußte, daß Edward Cole eine Lüge lebte ...

Edward Cole hatte seinen Kindern nicht viel Zeit gelassen, den Tod ihrer Mutter zu betrauern. Nach dem Hinscheiden seiner Frau Louisa ließ er die Führung der Farm zunehmend schleifen. Die Dienstboten und Farmarbeiter wurden ungenügend beaufsichtigt und klatschten mehr über das Lotterleben ihres Herrn als sich Hausarbeit und Schafzucht zu widmen. »Die Frau ist an gebrochenem Herzen gestorben!« flüsterten sich die Dienstmädchen zu und schauten Edward mit vielsagendem Ausdruck nach, wenn er sich wieder mal auf sein Pferd schwang und für Stunden Richtung Thetford davonritt.

Der dreiundzwanzigjährigen Ada blieb all das nicht verborgen, aber ihr fehlten der Mut und die Energie, den Vater zur Rede zu stellen. Vielleicht hätten die Brüder das eher fertig gebracht, aber William, Arthur und der junge Edward studierten an verschiedenen Universitäten und kamen nur in den Ferien nach Hause. Zudem hatte die Trauer über den Tod der Mutter auch ihren Blick getrübt. Keiner von ihnen bemerkte, wie nachlässig Croxton Hall in den letzten Monaten geführt wurde.

So war Ada die einzige, die beklommen ins Eßzimmer trat, als Edward Cole seine Familie ein knappes Jahr nach Louisas Tod zusammen rief.

Der stämmige, hochgewachsene Mann versammelte seine Kinder um den Eßtisch und begann zu sprechen, als sich alle gesetzt hatten. Edward Cole hielt sich nicht mit Vorreden auf.

»Es gibt zwei Dinge, die ich euch heute mitzuteilen habe«, sagte er ruhig. »Das erste ist: Ich werde Croxton Hall verkaufen. Oder genauer gesagt, ich werde Konkurs anmelden.«

»Du wirst was?« fragte William entgeistert. Der junge Mann hatte stets damit gerechnet, die Farm eines Tages zu übernehmen. Im Stillen hatte er sogar gehofft, der Vater würde heute seine Absicht verkünden, sich zurückzuziehen. Die Nachricht von Edwards Bankrott traf ihn völlig unvorbereitet.

»Ihr wißt von der Krise in der Landwirtschaft ...« erklärte Cole mit sicherer Stimme. »Wolle und Getreide wird zunehmend aus Übersee importiert, und die Einnahmen für Inlandsprodukte sind seit Jahren gesunken.«

»Aber die Preise für Milch und Rindfleisch sind hervorragend«, bemerkte William. »Die neuen Industriegebiete wollen versorgt sein. Eine rechtzeitige Umstellung des Betriebes auf Milchwirtschaft hätte alle Verluste aufgefangen!«

»Dann hätte man sein Geld aber in Melkstände und Kuhställe investieren müssen«, fügte Frederick hinzu. »Und nicht in eine kleine Freundin und ein Haus in Thetford! Hat Mutter eigentlich davon gewußt, Vater? Oder hat sie deine Lügen geglaubt – von den ständigen Geschäftsreisen bis hin zu den Geldverlusten an der Börse?«

Edward funkelte seinen Sohn böse an. Mit Anspielungen auf seinen Lebenswandel hatte er hier nicht gerechnet. Aber Frederick hielt seinem Blick kühl stand.

»Wir hatten immer einen aufwendigen Lebensstil ...«

»Wir?« fragte Ada. Sie glühte vor Zorn und vergaß alle Angst und allen Respekt vor ihrem Vater.

»Ada und Frederick, ich verbitte mir diese Bemerkungen! Es war stets mit hohen Ausgaben verbunden, dieses Haus zu unterhalten. Die Dienstboten, die Pferde ...«

»Aber Dienstboten kann man entlassen und Pferde verkaufen!« wandte nun auch Arthur ein. »Viele unserer Bekannten haben sich kleiner gesetzt, aber keiner machte gleich Bankrott!«

»Nun, das muß jeder halten, wie er will! Ich jedenfalls wollte Croxton Hall nicht zu einer Klitsche verkommen lassen, und ich bin kein Kuhhirte! Für mich hieß es siegen oder untergehen, aber die Rettung des Gutes lag nicht in meiner Hand. Gott gibt und Gott nimmt!« Edward Cole faltete die Hände und blickte gen Himmel.

William stöhnte auf. »Bitte, Vater, verschone uns mit deinen Predigten. Wir haben unendlich viele davon gehört, und wir wissen inzwischen, was von ihnen zu halten ist. Ich erinnere mich noch gut daran, wie dein ›Du sollst nicht ehebrechen!‹ durch die Kirche hallte!«

Edward machte eine Geste, als wollte er seinen Sohn schlagen, aber dann besann er sich. »Ihr habt recht, ich habe gesündigt. Aber ich bin fest entschlossen, diese Sünde wieder gut zu machen. Darauf zielt auch meine zweite Mitteilung: Ich gedenke, Miss Emily Clarke zu heiraten und ihr Kind anzuerkennen, sobald es die Schicklichkeit zuläßt!« Wie befreit von dieser Ankündigung stand Edward Cole auf. »Und nun werde ich zu ihr gehen und es ihr sagen. Bevor ihr die Dienstboten hintertragen, meine Kinder hätten sie eine Ehebrecherin genannt!«

Edward Cole verließ den Raum und schlug die Tür hinter sich zu.

»Das ist sie aber doch, oder nicht?« fragte Effie beeindruckt und schaute in die Runde ihrer Geschwister. Die anderen blickten dem Vater verdutzt nach und fragten sich sekundenlang, ob sie ihm und seiner künftigen Frau nicht doch Unrecht getan hatten. Edward Coles Auftritte und Abgänge hatten immer Stil besessen.

Die Familie Cole verließ Croxton Hall im Sommer 1884. Nach Begleichung aller Schulden reichte der Erlös des Anwesens gerade für ein kleines Haus in Thetford, das Edward Cole mit seinen Töchtern und einem Dienstmädchen bezog.

Um nicht nachdenken zu müssen, flüchtete sich Ada in die Hausarbeit, während sich Effie im Gebet verlor. Adas jüngere Schwester war immer still und schüchtern gewesen. Im Gegensatz zu ihren Geschwistern empfand sie die endlosen Sonntage in der Methodistenkirche, die Predigten und Gebete nie als langweilig und quälend, und sie war stets die Beste in der Sonntagsschule. Darüber hinaus zeigte sie bis zum Tod der Mutter aber keine übertriebene Hinwendung zum Glauben. Effies Lieblingsbeschäftigungen bestanden im Anfertigen komplizierter Handarbeiten und vor allem im Nähen schöner Kleider. Sie war ein ruhiges, aber zufriedenes und ausgeglichenes Mädchen gewesen, bis sie vom Doppelleben ihres Vater erfuhr und ihre Mutter in Schwermut verfiel und starb. Dann aber waren das Gebetbuch und die Bibel an die Stelle der Handarbeits- und Modejournale getreten, Effies zurückhaltende Art wich einer fast fanatischen Frömmigkeit. Manchmal meinte Ada, ihre ständigen Fürbitten und Bibelzitate nicht mehr hören zu können. Doch schließlich geschah etwas, das Ada gründlich aus ihrer Lethargie riß und sogar Effies Versenkung ins Gebet erschütterte: Edward brachte seine Geliebte mit nach Hause.

»Wir haben einen Gast zum Abendessen!« bemerkte er nur, als er eintrat und der Frau galant die Tür zum Speisezimmer aufhielt. »Ich glaube, ihr kennt Miss Emily Clarke!«

»Besser als uns lieb ist!« kommentierte Ada.

»Keine Frechheiten, Ada. Miss Emily und ihre Tochter Daisy werden in der nächsten Woche hier einziehen. Ihr wißt, wir müssen sparen, und es wäre Unsinn, zwei Haushalte zu unterhalten.«

Ada hatte eben gehorsam damit begonnen, ein weiteres Gedeck aufzulegen, aber nun knallte sie das Geschirr auf den Tisch.

Emily Clarke lächelte verlegen. Sie war eine zierliche, blondhaarige Frau, nur ein Jahr älter als Ada. Die Sorgen des letzten Jahres und die Schande, den Bastard ihres Geliebten zur Welt zu bringen, waren jedoch nicht spurlos an ihr vorbeigegangen. Sie wirkte deutlich älter als Edwards Töchter. Ihre wasserblauen Augen blickten ängstlich.

»Bestimmt ... werden wir uns gut vertragen ...« murmelte sie und begann ungeschickt, die Gedecke auf ihren Platz zu rücken.

»Sicher!« stieß Ada hervor. »Mit meinem Vater haben Sie sich ja immer gut vertragen. Und was uns angeht – je größer die Entfernung, desto besser die Beziehung, oder finden Sie nicht?«

Emily blickte verständnislos.

»Ich möchte Sie nur bitten, mit dem Einzug zu warten, bis Effie und ich gegangen sind. Dann kann meine kleine Schwester auch gleich unser Zimmer beziehen. Sie muß ja nicht Zeugin werden, wie Sie und mein Vater ...« Ada verschluckte ihre Tränen und rauschte aus dem Zimmer. Effie lief ihr nach.

»Ada, Effie, was ist das für ein Benehmen! Wenn ihr nicht augenblicklich ...« Edward Coles zornige Rufe begleiteten die Schwestern durch den Korridor, aber sie verstummten, als Ada die Tür ihres gemeinsamen Zimmers zuwarf.

»Aber Ada, wo wollen wir denn hin?« fragte Effie.

Ada schnaubte vor Wut. »Wir nehmen den nächsten Zug nach London!«

Ada erinnerte sich noch gut an diese erste Reise nach London – neben sich die eingeschüchterte und nervöse Effie, vor sich eine ungewisse Zukunft. Aber dann hatte es sich als überraschend einfach herausgestellt, eine Stelle als Schwesternschülerin zu finden. Die Ausbildungsgruppen an den großen Krankenhäusern bevorzugten Mädchen vom Land vor den verwöhnten Großstadtpflanzen, die sich oft nur für den Beruf interessierten, weil Florence Nightingales Lebenslauf sie so beeindruckte. Ada wurde im London Fever Hospital sofort angenommen. Effie überbrückte ein Jahr bis zum Erreichen des Mindestalters im Kinderkrankenhaus nebenan. Die Ausbildung zur Schwester hatte Ada Spaß gemacht, und auch Effie schien zufrieden zu sein. Bis sie dann ihre »Berufung« spürte ...

Gedankenverloren stieg Ada in ihren Zug. Sie versuchte, mit nicht allzuviel Erbitterung an den Klostereintritt ihrer Schwester zu denken. Letztlich war es doch wichtig, daß Effie glücklich war ... aber jedes Mal, wenn Ada an ihr seliges Gesicht beim Ablegen ihrer Gelübde dachte, kamen Zorn und Enttäuschung erneut in ihr hoch. Ada kämpfte die unfreundlichen Gefühle nieder und kraulte Ben, der sich ängstlich an ihre Knie schmiegte. Der junge Hund war noch nicht oft mit dem Zug gefahren, und das Rütteln und die Geräusche waren ihm etwas unheimlich. Ada sprach tröstend auf ihn ein.

»Keine Sorge, mein Alter, wir sind bald da. Hoffentlich kennst du Daisy noch. In den nächsten paar Wochen mußt du nämlich bei ihr bleiben. Du wirst ein Stadthund werden, Ben, und nur an der Leine spazieren gehen. Was meinst du, schaffst du das?«

Ben schenkte ihr den üblichen, anbetenden Blick. Seit sie ihn angekettet und halb verhungert vor dem Haus seines Vorbesitzers gefunden und sich mit aller Autorität der Tierschutzinspektorin für seine Rettung eingesetzt hatte, besaß sie sein volles Vertrauen. Ben würde sich brav in seine neue Familie einfügen, aber sein Leben bei Daisy und ihrem Mann würde ausschließlich aus Warten bestehen. Er fühlte sich nur dann völlig sicher und zufrieden, wenn Ada bei ihm war.

Daisy erwartete Ada am Bahnsteig in London. Sie war eine lebhafte, dunkelblonde Frau von neunundzwanzig Jahren, seit kurzem verheiratet mit einem Lehrer aus Maryleborne. Mit ihrer viel älteren Halbschwester verband sie eine herzliche Freundschaft, seit Ada vor einigen Jahren Kontakt zu der neuen Familie ihres Vaters gesucht hatte. Ada war erleichtert, als Ben Daisy sofort erkannte und freudig begrüßte. Sie hätte ihren Hund ungern bei einer ihm fremden Familie gelassen.

»Unser neues Haus hat einen Garten und liegt fast schon im Grünen«, versicherte ihr Daisy. »Ben wird sich bestimmt wohlfühlen. Aber jetzt erzähl mir, wie es dir geht! Der Arzt hat die Reise endlich erlaubt?«

Ada berichtete von ihren Monaten in Cley, ihrem Cottage und der heilsamen Seeluft. Daisy winkte inzwischen einem Gepäckträger und steuerte den Droschkenständen zu. Die erste Kutsche in der Reihe lehnte sie jedoch ab. Das Zugpferd wirkte zu abgemagert und erschöpft und zeigte Druckstellen vom Geschirr.

»Ihr Pferd sieht nicht so aus, als könnte es noch bis Maryleborne laufen!« erklärte Daisy dem Fahrer streng. Auch sie war im Tierschutz engagiert. »Sie müssen es besser füttern!«

»Dann sollten Sie sich vielleicht doch von mir fahren lassen, Lady. Mit dem Rumstehen verdiene ich nämlich kein Geld für Hafer!« gab der Mann brummig zurück.

»Da hat er nicht mal unrecht«, bemerkte Ada. »Im Grunde müßten wir zuerst den Menschen helfen. Gerade die Droschkenkutscher haben oft einfach kein Geld, ihre Tiere ordentlich zu versorgen. Hast du den RSPCA-Bericht gelesen?«

Die ›Royal Society for the Prevention of Cruelty to Animals‹ setzte sich seit langem für eine bessere Behandlung der Londoner Droschkenpferde ein. So gab es neuerdings die Auflage für Droschkenkutscher, stets etwas Heu mit sich zu führen. Die Pferde sollten zwischen den einzelnen Fuhren gefüttert werden.

Ada und Daisy entschieden sich für eine Droschke mit wohlgenährtem und gesund wirkendem Zugpferd. Ben sprang bereitwillig in den Fond.

»Bei der RSPCA müssen wir übrigens noch vorbei fahren. Ich habe ein paar Berichte abzugeben.« Als Tierschutzinspektorin überwachte Ada etliche ländliche Viehmärkte in Norwich. Dank ihrer Kindheit auf der Farm verstand sie sich ein wenig auf Nutztiere und hatte sich längst den Ruf als strenge Inspektorin erworben. Pferde lagen ihr dabei besonders am Herzen. Auf dem Weg zur Geschäftsstelle der RSPCA unterhielt sie Daisy mit ein paar neuesten Tricks der Pferdehändler: »Im Augenblick sind viele ausgediente Arbeitspferde auf dem Markt – die Bauern wollen alle die neuen Traktoren. Angeblich arbeitet man damit erheblich effektiver als mit den guten alten Shire-Gespannen. Und die Pferdehändler versuchen alles als Reitpferd loszuwerden, was gerade noch als Warmblut durchgeht und einen Funken Bewegungsfreude zeigt. Letzterer helfen sie natürlich gehörig nach. Kennst du den Trick mit dem Pfeffern? Dazu führt man müden Gäulen Pfefferkügelchen in den Enddarm ein, woraufhin sie sofort den Schweif heben, die Kruppe senken und um zehn Jahre jünger wirken. Eine halbe Stunde später altern sie dann wieder rapide, aber bis dahin ist der Handel perfekt.«

Daisy schüttelte verwundert den Kopf. Sie war ein typisches Stadtkind und hatte keinerlei Ahnung von Pferden und Pferdehandel. Nichtsdestotrotz fühlte sie sich zu Tieren hingezogen. Edward Cole hatte auch die Kinder seiner zweiten Frau zu Liebe und Achtung gegenüber ihren Mitgeschöpfen erzogen. Selbst wenn die vierbeinigen Spielgefährten bei Daisy und ihren Brüdern nur kleine Hunde und Katzen, statt Ponys und Esel gewesen waren.

Adas Angelegenheiten bei der RSPCA waren schnell erledigt. Ein junges Mädchen namens Violet English nahm ihre Berichte entgegen und erzählte ihrerseits von der RSPCA-Arbeit für die Londoner Droschkenpferde. »Im Grunde hat sich für die armen Tiere nicht viel geändert, seit Anna Sewell ›Black Beauty‹ schrieb. Aber immerhin wird die Öffentlichkeit langsam aufmerksam. Die Leute steigen nicht mehr in irgendeine Droschke, sondern schauen sich die Pferde davor genauer an. Neuerdings bilden sich auch spezielle Tierschutzgruppen, um sich der ausgedienten Droschkengäule anzunehmen. Kennen Sie die ›Horses and Drivers Aid Society‹? Die Damen und Herren nehmen die Pferde zur Erholung in die eigenen Ställe und füttern sie auf.«

Ada nickte. »Vielleicht gar keine schlechte Idee. Hilfe wirkt sicher besser als Vorwürfe gegen die Fahrer. Gut wäre auch kostenlose tierärztliche Versorgung der Pferde ... aber nach all dem, was man so hört, sollen die Pferdedroschken auf die Dauer ohnehin vom Automobil ersetzt werden. Hoffentlich nicht zu bald. Die Welt würde ärmer ohne Pferde!«

Violet nickte. »Und wo sollte man auch hin mit all den Arbeitstieren? Die kauft doch keiner mehr, wenn alle nur noch Auto fahren wollen ... Es gehen jetzt schon zu viele in die Schlachthäuser auf dem Kontinent. Nein, nein, die Pferde müssen bleiben!«

Ada berichtete kurz von ihrer bevorstehenden Reise und schlug ihre Freundin Kate Nichols als Vertreterin vor. Violet notierte sich alles und wünschte ihr eine gute Fahrt.

Daisy nannte dem Kutscher ihre Adresse in Maryleborne.

»Und du fährst nun also zu Effie«, nahm sie das unterbrochene Gespräch mit Ada wieder auf. »Wie ist die eigentlich? Für mich ist es eine ganz komische Vorstellung, eine Schwester zu haben, die ich nie gesehen habe. Und dann auch noch eine Nonne. Eine Katholikin ...« Das letzte Wort sprach sie aus, als wäre es etwas äußerst Befremdliches.

Ada mußte lachen. »Ich bin auch Katholikin, hast du das vergessen?«

»Natürlich nicht. Aber du bist ja sonst normal und läufst nicht in Schleier und Habit herum. Wie kommt das überhaupt, mit eurem Katholizismus? Ich meine, Vater war doch Methodist ...«

Ada nickte. »Oh ja, und ein recht strenger! Ich weiß noch, wie er in unserer Kirche gepredigt hat. Mit großen Gesten und donnernder Stimme. Ich dachte, Gott müßte genau so zusammenzucken wie ich, wenn Vater plötzlich die Stimme erhob und unsere Sünden geißelte ... Später hat sich das wohl gegeben. Oder hattet ihr auch so traurige Sonntage mit stundenlanger Sonntagsschule, Predigt, Gebet und diesen furchtbaren Kinderbüchern über Hölle und Verdammnis?«

»Du meinst ›Die Pilgerreise‹?« kicherte Daisy. »Oh ja, Papa brachte sie mit, aber meine Mommy hat uns nie daraus vorgelesen. Sie sagte immer, wenn sie verdammt sei, dann solle Gott ihr das schwarz auf weiß geben, nicht Mr. Bunyan.«

»Nun, Effie hatte jeden Sonntag Alpträume von diesen Geschichten. Sie hat all das geglaubt. Wir anderen stellten es natürlich auch nicht in Frage, aber wir grübelten einfach nicht so viel darüber nach. Dazu waren wir viel zu beschäftigt mit den Tieren und natürlich auch mit dem Unterricht. Bei Effie war das wohl anders. Jedenfalls wurde sie sehr religiös, nachdem Mutter starb und Vater ... na ja, lassen wir diese unerfreuliche Geschichte. In der Schwesternschule gab sich das dann wieder. Unsere Ausbilderinnen hielten uns den ganzen Tag auf Trab, und wir wollten ja mindestens so gute Krankenschwestern werden wie Miss Nightingale. Aber dann geriet Effie in einen katholischen Gottesdienst und war vollkommen begeistert ...«

»Und deshalb seid ihr gleich übergetreten?« warf Daisy ein. »Und Effie ist sofort Nonne geworden?«

Ada lächelte. »Natürlich nicht sofort«, berichtigte sie. »Zunächst mußte sie mich mal überreden, überhaupt mit in die Kirche zu kommen. Nach der Geschichte mit meinen Eltern hatte ich meinen Glauben ein bißchen verloren – mein Vater hatte mich enttäuscht, und irgendwie war ich Gott dafür böse. Aber dann ging ich doch einmal mit, und es gefiel mir. Die katholische Messe erschien mir so anders, so viel lebendiger als der Methodistische Gottesdienst. Allein die Kirche – überall Bilder von Heiligen und Szenen aus der Bibel, stimmungsvolles Licht durch die bunten Glasfenster, Hunderte von Kerzen. Und der Pfarrer predigte über Franz von Assisi – du weißt schon, den Schutzheiligen der Tiere. Er sprach mir in vielem aus der Seele. Frater Bede Jarrett war überhaupt eine außergewöhnliche Persönlichkeit. Er konnte sehr mitreißend predigen, und er nahm seine Gläubigen ernst. Bisher hatte Religion immer nur aus Auswendiglernen, Stillsitzen und Ja-Sagen bestanden, aber jetzt durfte ich mitreden. Frater Jarretts Bibelkreise waren überaus erbaulich. Und ich nahm natürlich an, alle katholischen Geistlichen wären so wie er.«

»Hört sich an, als wärst du inzwischen anderer Ansicht«, bemerkte Daisy.

Ada zuckte die Schultern. »Nun, letztlich ist es wohl genau wie bei den Methodisten oder Anglikanern: es gibt gute und schlechte Priester. Einen wie Frater Jarrett habe ich nie wieder getroffen. Er wollte uns übrigens taufen, Effie und mich. Aber kurz vorher ist er gestorben. Wir haben wirklich um ihn getrauert – vor allem natürlich Effie.

Schau mal, da ist das London Fever-Hospital. Da haben Effie und ich die Schwesternschule besucht.« Ada wies auf ein großes Backsteingebäude.

Daisy nickte. »Effie war sehr – sentimental, ja?« fragte sie dann weiter. Ihre unbekannte Halbschwester interessierte sie erheblich mehr als Adas altes Ausbildungsinstitut.

Ada zögerte. »Effie war – hinreißend. Das klingt vielleicht wie aus einem schlechten Roman, aber es trifft den Kern. Effie war sanft, freundlich, hilfsbereit, niemals streitsüchtig. Von ihr ging eine Art Strahlen aus. Alle liebten sie ...«

Daisy schaute etwas skeptisch. »Wenn man dich hört, möchte man meinen, sie hätte einen Prinzen heiraten können, statt sich in einem Kloster zu verkriechen! Warum hat sie keinen Mann gefunden?«

»Daisy, man geht nicht ins Kloster, weil man keinen Mann findet, sondern weil man eine Berufung verspürt. So wurde mir das jedenfalls erklärt. Effie hätte sich leicht verheiraten können. Zuhause in Croxton hatte sie viele Verehrer. Und hier in London ...« Ada hielt inne.

»Eine unglückliche Liebe?« insistierte Daisy. Manchmal hatte sie die Fähigkeit, den Nagel auf den Kopf zu treffen.

»Ein Arzt im London Fever, John Leonard. Reiche Familie, Anglikaner – absolut nicht der passende Mann für ein verarmtes, katholisches Mädchen. Die Verbindung konnte nicht gutgehen. Aber Effie war so verliebt, so glücklich. Und derart verzweifelt, als er sich dann von ihr trennte. Ich habe lange gedacht, die Sache mit dem Kloster hinge damit zusammen. Aber anscheinend ist Effie ja sehr zufrieden in ihrem Orden.« Ada biß sich auf die Lippen. Effies Verlust an die Kirche schmerzte sie immer noch.

Daisy warf ihr einen prüfenden Seitenblick zu. »Du hast sie sehr vermißt, nicht wahr?«

Ada nickte. »Natürlich. Effie war immer bei mir, von frühester Kindheit an. Ich habe sie getröstet, wenn sie sich vor dem Höllenfeuer fürchtete. Ich habe ihr beim Einmaleins vorgesagt und ihre Französischarbeiten verbessert. Solange ich konnte, habe ich Effie beschützt – vor den Neckereien unserer Brüder, und dann auch bei der Sache mit unserem Vater und – deiner Mutter. Vor der Enttäuschung mit John Leonard konnte ich sie dann leider nicht bewahren, aber ich …

Ich habe sie geliebt«, sagte sie schließlich.

Und Effie hat mich auch geliebt.

Ada stand an der Reling der Fähre und sah den Kai von Dover langsam mit dem Horizont verschwimmen, aber die Erinnerung an ihre gestrige Unterhaltung mit Daisy ließ sie nicht los. Ihre Beziehung zu Effie war so tief gewesen, scheinbar unerschütterlich. Selbst während der Affäre mit John Leonard hatte sie nie ernstlich gefürchtet, die Schwester könnte sich von ihr trennen. Ada hatte nie viele Freunde gehabt, weder in Croxton noch in London an der Schwesternschule. Ihre Strenge und ihr Perfektionismus, ihr trockener Humor, der oft in Sarkasmus umschlug machten es schwer, zu ihr durchzudringen. Aber so lange Effie da war, hatte sie keine Einsamkeit gekannt. Die Schwester war für sie dagewesen, und Ada hatte für Effie eingestanden.

Ada erinnerte sich noch gut an den Tag, als all das zerbrach.

»Ich gehe ins Kloster!« Effies Gesicht schien von innen zu glühen, als sie in ihr gemeinsames Zimmer im Schwesternwohnheim stürmte. »Oh, Ada, ich habe den Ruf gespürt! Jesus will mich, ich weiß es genau, er hat mich auserwählt!«

Ada, die gerade einen Bericht schrieb, sah ungläubig auf.

»Das meinst du jetzt nicht ernst, Effie, oder? Du weißt genau, wie trist das Leben der Ordensschwestern hier im Krankenhaus ist: In aller Frühe aufstehen und beten, von morgens bis abends arbeiten und nie einen Tag frei, nie eine kleine Freude, kein eigenes Geld mehr ...«

»Aber Gott zu dienen ist eine Freude! Jesus macht mich reicher als jedes eigene Vermögen! Und ich will ja auch nicht in einem Krankenhaus arbeiten. Weißt du noch, wie oft wir darüber gesprochen haben, Gemeindeschwester zu werden, wenn wir durch die ärmeren Bezirke in London gingen? Bei den ›Little Sisters‹ werde ich ganz für die Armen da sein!« Effie tanzte vor Freude im Zimmer herum, und Ada beobachtete ihre sonst so zurückhaltende Schwester in tiefster Verwirrung.

»›Little Sisters‹?« fragte sie schließlich.

Effie sprudelte die Geschichte des Ordens hervor. Die »Little Sisters of the Assumption« waren ein junger Orden, erst 1864 in Frankreich gegründet. Die Nonnen erhielten hier eine Ausbildung zur Gemeindeschwester. Sie lebten gemeinsam in einem Konvent, das sie tagsüber verließen, um in Arbeiterfamilien soziale Dienste und Krankenpflege zu verrichten. Die ›Kleinen Schwestern‹ schulten die Frauen der ärmeren Schichten in

Hygiene und Krankenpflege und betreuten Familien, in denen zum Beispiel die Hausfrau erkrankt war. Das Berufsbild war sehr umfassend: Von der Geburtshilfe über schlichtes Kochen und Waschen für eine verwaiste Familie war alles darin enthalten. In England unterhielt der Orden ein Haus in Bow und hatte gerade einen weiteren Konvent in Notting Hill eröffnet. Hier wollte Effie eintreten.

»Und was ist mit mir?« stieß Ada hervor, nachdem Effie all das geschildert hatte. »Willst du mich einfach allein lassen?«

Effie sah sie verständnislos an. »Natürlich nicht! Ich dachte, du kommst mit! Jesus wird auch dich rufen, ganz bestimmt! Du mußt dir den Konvent nur einmal ansehen, die anderen Schwestern kennenlernen. Und die Arbeit wird dir gefallen! Wir kümmern uns um Neugeborene und Kinder. Ich weiß doch, wie gern du mit Babys umgehst! Ich will dich auf keinen Fall verlassen, Ada! Wenn du nicht gehst, dann gehe ich auch nicht. Aber ich muß gehen, Ada, und deshalb mußt du auch gehen!«

Dieser Logik war kaum etwas entgegen zu setzen. Zwar verspürte Ada nicht den Anflug einer Berufung, und der Gedanke an ein noch engeres Zusammenleben mit anderen Frauen als es im Schwesternwohnheim ohnehin schon unvermeidlich war, lockte sie auch nicht. Aber zumindest die Beschreibung der Arbeit klang vielversprechend. Ada fühlte sich im Krankenhaus schon lange unterfordert. Als Gemeindeschwester würde sie selbständiger arbeiten können.

Also kündigten beide Schwestern im Krankenhaus, und Effie trat als Novizin, Ada als Postulantin in den Konvent ein. Sie würde gemeinsam mit den Ordensfrauen leben und arbeiten, aber vorerst keine Gelübde ablegen. Da es der Organisation noch an ausgebildeten Krankenschwestern fehlte, war ihre Unterstützung sehr willkommen. Dazu machte Effie der Oberin klar, Adas Eintritt ins Kloster sei nur eine Frage der Zeit.

Tatsächlich schuf die tatkräftige Ada schnell Ordnung in den von ihr betreuten Familien. Ihre kleinen und großen Schützlinge liebten sie, schätzten ihren Humor und ihre unkonventionellen Problemlösungen. Ada war bald ein lebendes Auskunftsbüro über die verschiedensten Wohlfahrtsadressen, eventuelle offene Stellen im Bereich der von ihr betreuten Viertel und Möglichkeiten der Kinderbetreuung. Sie war eine geschickte Geburtshelferin und eignete sich auch als Vertraute für alle Nöte der jungen Frauen.

Im Kloster fügte sie sich nicht so gut ein. Während Effie in der religiösen Gemeinschaft aufging, fühlte Ada sich eingeengt. Warum sollte sie pünktlich zum abendlichen Gebet zurück im Konvent sein, wenn die Frauen, die sie in Kinderpflege unterrichtete, dann gerade erst aus der Fabrik zurückkamen? War die Bibelstunde wirklich wichtiger als der Besuch bei einem Arbeitgeber, der einem ihrer Schützlinge unbedingt noch eine letzte Chance geben mußte? Die jungen Nonnen fielen Ada auf die Nerven. Sie bat Gott ja gern um seinen Beistand, aber mußte man seinen Namen wirklich ständig im Munde führen? Je selbständiger und selbstbewußter Ada durch ihre Arbeit wurde, desto häufiger lehnte sie sich auf. Sie begann, die Schwestern Effie gegenüber als ›Graugänse‹ zu bezeichnen, wobei sie auf das graue Habit des Ordens anspielte. Aber jetzt lachte Effie nicht mehr über die treffende Namensgebung, wie sie es früher getan hatte, wenn Ada über ihre Mitschülerinnen, Ärzte und Oberschwestern spottete. Statt dessen zeigte sie ihre Mißbilligung, indem sie sich schweigend abwandte. Ada blieb nicht verborgen, wie schnell sich die Schwester aus ihrem Einflußbereich entfernte. Zeit ihres Lebens war sie Effies Vorbild gewesen und die Anführerin gemeinsamer Unternehmen. Aber jetzt fragte Effie die Mutter Oberin um Rat, und ihr geistiger Beistand schien ihr mehr zu geben als Adas praktische Hinweise.

Bald litten beide Schwestern unter der Situation – Ada, weil sie sich im Konvent nicht wohlfühlte, aber Effie nicht verlassen wollte, und Effie, weil sie sich an ihr Versprechen gebunden fühlte, nur gemeinsam mit Ada im Kloster zu bleiben.

Schließlich rief die Oberin die Schwestern zu sich und führte mit beiden lange Gespräche. Effie teilte Ada anschließend mit, sie müsse zu ihrer Berufung stehen.

Zum ersten Mal fielen zwischen den beiden harte Worte.

»Wie kannst du dich hier zwischen den grauen Kutten wohl fühlen? Wenn ich diese Mary Ursula nur ansehe, die bei jeder Erwähnung von Geburtshilfe rot wird! Oder diese kleine, bigotte Mary Josephine! Keine von denen hat mehr Verstand als ein Zwerghuhn! Mutter Oberin dies, Herr Jesus das ... Himmel, Effie, du kannst doch auch mit Gottes Beistand als Gemeindeschwester arbeiten, ohne ständig mit diesen Glucken zusammenzuhängen!« Ada nahm kein Blatt vor den Mund.

Effie wandte sich verletzt ab. »Ada, du redest von meinen Schwestern!«

»Ich bin deine Schwester!« rief Ada. »Und ich kenne dich noch, bevor du auf all diesen Unsinn verfielst. Himmel, Effie, du konntest einen Esel rückwärts reiten!«

Effie lächelte. »Aber nun schaue ich lieber vorwärts, Ada. Es wäre schön, wenn du bei mir bleiben könntest, aber ich sehe ein, Gott hat dich nicht berufen. Mir tut das sehr leid, doch die Wege des Herrn sind unergründlich. Ich werde im nächsten Monat meine ersten Gelübde ablegen. Und dann gehe ich nach Dublin, da entsteht ein neuer Konvent.«

Erst nach langen Debatten sah Ada ein, daß hier all ihre Argumente versagten. Effie hatte ihren Platz im Leben gefunden, und es würde ein Leben ohne ihre Schwester sein. Am Tag ihrer Einführung in den Orden weinten beide, und bei Ada blieb immer ein Rest von Unverständnis und Mißbilligung zurück. Niemals nannte sie Effie bei ihrem Ordensnamen ›Catherine Mary‹, und auch wenn sie an ihrer Religion festhielt, so hatte der Katholizismus doch vieles an Anziehung für sie verloren.

Nach Effies Ordenseintritt zog Ada zuerst zu einem ihrer Brüder. William lebte mit seiner Familie in Hampshire, und das Dorf Otterbourne empfing sie mit all der Lieblichkeit einer englischen Landschaft im Frühling. Mit der Zeit fand sie Trost in der Beziehung zu neuen Freunden wie der Schriftstellerin Charlotte M. Yonge, auch ihre Arbeit im Krankenhaus füllte sie aus. Aber da, wo zeitlebens ihre Schwester Effie gestanden hatte, blieb ein leerer Raum, den keine Schwägerin, keine Kollegin und keine Freundin ausfüllen konnte. In den ersten Jahren hielt Ada die Hoffnung aufrecht, Effie könne den Orden aufgeben und zu ihr zurückkehren. Aber die Wahrscheinlichkeit dafür nahm mit jedem Monat und jedem Jahr ab. Schließlich suchte sich Ada eine Stellung als Gemeindeschwester in Dublin, um Effie näher zu sein, und in den nächsten Jahren sammelte sie Berufserfahrung in Irland, Frankreich und Belgien. Sie arbeitete praktisch an allen Orten, in die Effies Ordenskarriere führte. Zu Adas größter Verwunderung stieg die schüchterne Effie, die bisher im Schatten der Schwester gestanden hatte, in der Ordenshierarchie rasch auf. Schon in Dublin brachte sie es zur Vorsteherin und wurde später Leiterin der Konvente in Antwerpen und Paris.

Ada bewährte sich in privater Pflege und als Schwester im Krankenhaus, aber ihr Hauptinteresse galt der Arbeit als Gemeindeschwester. Hier gab es keine Vorgesetzten und keine Zeitpläne, sie konnte die Arbeit selbst einteilen und ihr Organisationstalent voll entfalten. Die Arbeit in den Slums brachte aber auch Gefahren mit sich. Ada, die ihr Viertel und ihre Schützlinge bald in und auswendig kannte, fürchtete sich zwar nicht sehr vor der Kriminalität in den Städten. Dem Schmutz und den Krankheitskeimen konnte sie jedoch nicht entkommen. Es blieb nicht aus, daß sie sich bei ihren Patienten ansteckte, und bald laborierte sie an einem hartnäckigen Husten herum. Nach einigen Jahren fern von England regte sich zudem ihr Heimweh. Im Jahr 1900 hatte Ada Cole genug von den grauen Slums der Großstädte. Sie sehnte sich nach frischer Luft und dem satten Grün der Weiden. Natürlich würde sie nicht nach Croxton gehen, aber sie wollte wieder in der Umgebung von Norwich zuhause sein.

Ada lächelte. An die Stellung in St. George, dem ärmsten Distrikt der Grafschaft, dachte sie gern zurück. Sie hatte dort ein kleines Haus gefunden, in dem sie sich wohl fühlte, und wie immer bekam sie leicht Kontakt zu den Familien ihres Viertels. St. George war keine Industriestadt, wie die Orte, an denen Ada früher gearbeitet hatte. Statt dessen lebten hier viele Familien von der Kanarienvogelzucht. Viel Geld war damit nicht zu verdienen, aber Ada mochte das Zirpen und den fröhlichen Gesang der Vögel, der sie oft bei ihrem Gang durch die Gassen begleitete. Die Menschen kannten sie bald als ›die Katholische Schwester‹, und eine Generation von Kindern wuchs in dem Glauben auf, Miss Cole brächte ihren Müttern die Babys in ihrer großen, schwarzen Tasche.

Vielleicht sollte sie nach der Reise nach St. George zurückkehren? Sie hätte den Ort sicher niemals verlassen, wenn ihr diese dumme Lungengeschichte erspart geblieben wäre. In St. George hatte Ada endlich einen Freundeskreis gefunden, in dem sie sich wohlfühlte. Ihre Nachbarin Kate Nichols war im Tierschutz engagiert und führte Ada in die Arbeit für die RSPCA ein. Sie vermittelte ihr die zunächst ehrenamtliche Tätigkeit als Tierschutzinspektorin und beschäftigte sie in ihrer Vereinigung gegen Tierversuche, der ›Norwich Anti-Vivisection-Society‹. Neben der praktischen Tierschutzarbeit auf den Märkten lernte sie hier, die richtigen Briefe an die richtigen Leute zu formulieren, hielt ihre ersten Reden in den Gemeinderäumen von Kleinstädten und entdeckte ihre Begabung, die Menschen persönlich anzusprechen: »Sie mögen annehmen, Tierversuche beträfen nur die streunenden Katzen und Hunde in den Großstädten, halb verhungert und ohnehin todgeweiht. Aber so lange die Hundefänger überall ungehindert ihr Unwesen treiben, kann es morgen auch Ihren Hofhund, das Kätzchen Ihrer kleinen Tochter oder Ihren wertvollen Jagdhund erwischen! Die Labore zahlen gut, gerade für gesunde, widerstandsfähige Tiere – die Katze, die gerade noch auf Ihrem Schoß saß oder stolz über Ihren Hof flanierte, kann in wenigen Tagen eines schrecklichen Todes sterben!«

Ada erinnerte sich gern an ihre Reden. Am Anfang war sie dabei stets nervös, aber dann schienen die Worte wie von selbst über ihre Lippen zu kommen. Sie mußte Effie von ihren Erfolgen am Rednerpult erzählen! Sicher würde die Schwester sie necken, weil sie damit in die Fußstapfen ihres Vaters trat. Oh, es würde so gut tun, wieder mit Effie zusammen zu sein!

Die Docks von Antwerpen

Ada hatte gehofft, Effie gleich am Kai wiederzusehen. Sicher würde es sich die Schwester nicht nehmen lassen, sie abzuholen. Tatsächlich standen dann aber nur zwei sehr junge Frauen in der Tracht der ›Little Sisters‹ an der Anlegestelle ihrer Fähre. Nach kurzem Zögern ging Ada auf sie zu und sprach sie auf französisch an.

»Bonjour. Mein Name ist Ada Cole. Vielleicht warten Sie auf mich. Ich bin hier, um meine Schwester Effie zu besuchen, eine Ihrer Mitschwestern ...«

Nein, ihre Oberin. Ada biß sich auf die Lippen. Effie war längst zur Vorsteherin des Antwerpener Konvents ernannt worden, aber Ada konnte sich ihre kleine Schwester noch nicht als Respektsperson vorstellen.

Die beiden Schwestern schienen den Faux Pas jedoch nicht übel zu nehmen. »Oui, Mutter Catherine Mary schickt uns«, sagte die ältere von ihnen und griff nach Adas Koffer. »Wir sollen Sie abholen und in den Konvent führen. Mutter Catherine Mary freut sich sehr auf Ihren Besuch, aber sie hat heute eine Besprechung mit der Novizenmeisterin, und die konnte sie nicht absagen. Ich bin Schwester Elisabeth Mary und das ist Schwester Gertrude Mary. Bitte kommen Sie mit, es ist nicht weit.«

Ada folgte den Schwestern durch das Menschengewirr am Kai. Der Anlegesteg lag nah an der Innenstadt, und Ada sah prächtige alte Häuser und elegante Läden.

»Sind Sie zum ersten Mal in Antwerpen?« fragte Schwester Gertrude. »Es wird Ihnen gefallen. Antwerpen ist die Geburtsstadt von Rubens, wissen Sie? Wir haben viele berühmte Museen und Sehenswürdigkeiten, das Diamantenmuseum, die Altstadt ... Ich glaube, Mutter Catherine Mary will Ihnen alles selbst zeigen ... Aber jetzt führen wir Sie zunächst in unseren Konvent. Sie werden sehen, es ist ein sehr schönes Kloster. Wir haben sogar einen Garten, obwohl es mitten in der Stadt liegt. Mutter Catherine Mary ...«

Ada lauschte dem Geplapper der jungen Nonne nur mit halbem Ohr. Ihr Französisch war ein wenig eingerostet. Aber das würde sich in den nächsten Tagen sicher geben. Ada und Effie hatten in ihrer Kindheit fließend französisch sprechen, schreiben und lesen gelernt. Als Mädchen hatte Ada für französische Romane geschwärmt, aber in den letzten Jahren fand sie nur noch selten Zeit dafür. Jetzt ärgerte sie sich, die Monate in Cley nicht zum erneuten Sprachstudium genutzt zu haben.

Von der Straße aus wirkte der Konvent der ›Little Sisters‹ unauffällig, aber wenn man Mauer und Pförtnerhäuschen hinter sich gebracht hatte, öffnete sich eine Welt der Beschaulichkeit und Stille. Im Garten roch es nach Kräutern und Frühlingsblumen, die Statue der Mutter Gottes stand in einem Meer von Blüten. Die Wege waren ordentlich geharkt, die Beete gepflegt.

Effie tritt in die Fußstapfen unserer Mutter, dachte Ada belustigt. Louisa Cole hatte ihren Garten geliebt.

»Kommen Sie, Miss Cole, wir führen Sie auf Ihr Zimmer!« Schwester Elisabeth hatte offensichtlich wenig Sinn für die Schönheiten des Klostergartens.

Ada war ein wenig enttäuscht. Effie hätte sie wenigstens am Eingang zum Konvent erwarten können, aber sie ließ sich nach wie vor nicht blicken. Die beiden Nonnen führten Ada durch ein helles Treppenhaus und lange Flure, bis sie ihr schließlich eine Tür öffneten. Ada sah in ein funktionell eingerichtetes Zimmer, dessen Schlichtheit nur durch zartbunte Vorhänge und einen gleichfarbenen Bettüberwurf gemildert wurde.

»Eines unserer Gästezimmer, Miss Cole. Wir hoffen, Sie werden sich wohl fühlen. Mutter Catherine Mary erwartet Sie dann zum Tee!«

Ada bedankte sich bei ihren Führerinnen. Hoffentlich würden die beiden nachher zurückkommen, um ihr den Weg zu zeigen. Das Haus war zu groß und verwinkelt, um sich auf Anhieb zurecht zu finden. Ada nahm ihren Hut ab und begann, sich etwas frisch zu machen. Die Nonnen hatten ein Waschgeschirr und duftende Seife bereitgestellt – das war mehr Komfort, als Ada aus dem Kloster in Notting Hill kannte. Während sie noch überlegte, ob die Zeit zum Auspacken ihrer Sachen reichen würde, klopfte es schüchtern an der Tür. Eine kleine Nonne mit dem weißen Schleier der Novizin bat Ada zum Tee bei der Oberin: »Mutter Catherine Mary erwartet Sie in ihren Privaträumen.«

Im Gefolge der jungen Schwester betrat Ada einen gemütlich wirkenden Wohnraum, und ihr erster Blick fiel auf ein paar Familienfotos auf dem Kaminsims. Offensichtlich durfte zumindest die Oberin des Konvents ein paar private Dinge haben und zur Schau stellen.

Die Schwester klopfte an eine Tür zum Nebenzimmer.

»Mutter Catherine Mary? Ihre Schwester ...«

Ada hätte die Tür am liebsten aufgerissen, aber da wurde sie auch schon geöffnet. Effie trat würdevoll in ihr Wohnzimmer und wandte sich zunächst der Novizin zu. »Vielen Dank, Schwester Franziska. Sie können gehen und den Tee bringen.«

Erst als das Mädchen den Raum verlassen hatte, zeigte Effie ihr altes, strahlendes Lächeln.

»Ada! Wie gut, dich wiederzusehen!«

Die Schwestern umarmten sich, und Ada wartete darauf, daß Effie ein paar Tränen zerdrückte. Aber solche spontanen Gefühlsäußerungen hatte sich die Oberin längst abgewöhnt. Ada fand nun endlich Zeit, ihre Schwester näher anzusehen.

»Du siehst gut aus«, faßte sie ihre Eindrücke zusammen. Effie war etwas breiter und gesetzter geworden, wirkte sonst aber kaum gealtert. Das Klosterleben schien ihr zu bekommen.

»Aber du bist dünn, Ada! Ißt du nicht genug? In den nächsten Wochen werden wir dich auffüttern!« Effie zog Ada auf das Sofa neben sich. »Es tut mir so leid, daß ich dich nicht abholen konnte, aber ich habe eine Menge Verpflichtungen. Wir haben fast hundert Nonnen in diesem Konvent. Zehn Novizinnen! Und natürlich möchte jede möglichst viel von mir haben. Ich liebe es, diesen jungen Mädchen den Weg zu weisen. Es macht so viel Freude, sie im Orden aufgehen zu sehen. Aber du weißt ja, ich habe immer gern unterrichtet ...«

Ada nickte. Damals in Croxton hatten Ada und Effie Unterricht für ein paar Mädchen aus dem örtlichen Armenhaus organisiert. Ada hatte sie lesen und schreiben gelehrt, während Effie sie in die Kunst des Nähens, Häkelns und Strickens einwies. Effies Unterricht war meist erfolgreicher gewesen – aber vielleicht lag das einfach an der größeren Anziehungskraft von Handarbeitszeitschriften gegenüber Fibeln und Schreibheften.

Die beiden Frauen frischten ihre Erinnerungen an die Stunden in Croxton Hall auf und fanden dabei leicht zur alten Vertrautheit zurück. Effie schien sich nahtlos in die immer als schmerzlich empfundene Leere neben Ada einzupassen. Erst im Laufe der nächsten Tage sollten die Schwestern feststellen, welche Veränderungen die zehn Jahre Trennung bewirkt hatten.

»Es war wirklich eine tiefgreifende Glaubenskrise. Nicht die kleinen Zweifel, die bei jeder Novizin ab und zu auftauchen, sondern eine echte Auseinandersetzung mit ihrer Berufung. Dieses Mädchen schien sich gegen Gottes Ruf zu wehren, und ich mußte zusehen, wie es litt. Schließlich haben wir eine ganze Nacht gemeinsam zur Mutter Gottes gebetet und sie angefleht, ihren Weg zu erhellen, und dann ...«

Ada versuchte, ein Gähnen zu unterdrücken. Die Erweckung der kleinen Novizin Franziska war ihr im Grunde herzlich gleichgültig. Natürlich freute sie sich, von Effies Arbeit zu hören, aber die Aufgaben einer Mutter Oberin erschienen ihr zum Teil recht befremdlich. Im Stillen bezweifelte sie den Nutzen nächtelangen Betens für einen Entscheidungsprozeß, und plötzlichen Erleuchtungen stand sie erst recht skeptisch gegenüber. Nach Adas Erfahrungen als Krankenschwester förderte Übermüdung Halluzinationen, und sie hegte den Verdacht, Franziskas Erscheinung mochte eben darauf beruhen. Hoffentlich wurde das Mädchen wirklich glücklich in Effies Orden ...

Gelangweilt ließ Ada den Blick über Effies Bücherregal schweifen. Wie erwartet fanden sich darin fast nur religiöse Titel. Zwischen einem Gebetbuch und einer Bibelinterpretation erkannte Ada aber auch einen Buchrücken mit ihrem eigenen Namen. Ihre ›Lectures on Home Nursing for the Poor‹, ein Lehrbuch über Heimpflege, waren 1906 erschienen, und sie hatte das Buch Effie gewidmet. Es war leicht verständlich geschrieben und praktisch orientiert.

»Wie hat es dir gefallen?« Ada wies auf das Buch, als Effie ihren Redefluß kurz unterbrach.

Die Oberin blickte irritiert. »Was? Ach, dein Buch. Sehr gut, wir verwenden es oft bei unserer Arbeit in den Familien. Schwester Martha Mary hat ein paar Passagen übersetzt, damit die Frauen es selbst lesen können. Was vielleicht etwas fehlt, ist der geistliche Aspekt ...«

»Der was?« fragte Ada.

»Nun ja, du hättest darauf hinweisen können, wie der Kranke und die Pflegerin Trost im Gebet finden können, vielleicht ein paar Worte aus der Bibel ... Versteh mich richtig, die praktischen Dinge sind sehr wichtig, aber bei unserer Arbeit in den Familien versuchen wir auch immer, seelischen Beistand zu bieten.« Effie hatte Adas Buch aus dem Regal genommen und blätterte darin.

Ada schüttelte den Kopf. »Effie, dies ist eine Anleitung zur Krankenpflege, kein Gebetbuch. Und was die Frauen in meinem Bezirk brauchten, war auch weniger geistiger Beistand als ganz praktische Hinweise in Bezug auf Hygiene, Ernährung und Kinderpflege. Vom Beten werden sie nicht gesund und nicht satt.«

Effie sah ihre Schwester irritiert und fast mitleidig an. »Wie hart du geworden bist, Ada! Früher warst du so idealistisch ... Ich weiß noch, wie wir gemeinsam geträumt haben, genau so ein romantisches Leben zu führen wie Miss Nightingale!« Der Ausdruck in Effies runden, dunklen Augen erinnerte Ada jetzt stark an das kleine Mädchen, das ganz in romantischen Romanen aufging. Ada seufzte.

»Aber inzwischen sind wir erwachsen, Effie. Und wenn ich an die alten Männer in meinem Bezirk denke, die im Krimkrieg Arme und Beine verloren haben, dann bezweifle ich auch, daß es damals sehr romantisch zuging. Im übrigen schließen sich Idealismus und Realismus nicht aus. Meine Arbeit als Tierschutzinspektorin fordert zum Beispiel beides.«

»Richtig, du arbeitest ja im Tierschutz. Davon hast du noch gar nichts erzählt. Du gehst wirklich auf die Viehmärkte und inspizierst das Schlachtvieh?« Effie sprach mit dem Ausdruck tiefsten Befremdens.

Ada nickte und hob zu einer Schilderung ihrer Arbeit an. Triumphierend berichtete sie von ihren Erfolgen und dem Spitznamen, den sie ihrem unermüdlichen Einsatz gegen die Brutalitäten der Viehhändler verdankte: »That bloody cruel Woman of Cley«.

Effies Anerkennung blieb jedoch aus. »Aber was soll das alles? Die Tiere werden doch letztlich sowieso geschlachtet. Weshalb vorher noch solch ein Aufwand?«

Ada schnaubte. »Nun, Effie, vielleicht solltest du so einen Markt mal besuchen! Dann würdest du wahrscheinlich einsehen, daß es durchaus einen Unterschied macht, ob ein Huhn vor seiner Schlachtung noch sechs Stunden an den Beinen aufgehängt am Marktstand hängt, oder ob ein Kalb mit gebrochenem Bein über drei Meilen zum Schlachthaus getrieben wird ...«

»Aber die Kirche lehrt uns, die Tiere fühlen nicht wie wir!« wandte Effie ein.

»Ja? Dann sollten die Kirchenvertreter sich das jämmerliche Blöken der Schafe mal anhören, wenn man ihnen die Beine zusammenbindet, bis das Blut abgeschnürt wird, und sie dann übereinander auf einen Schlachterkarren wirft. Glaub mir, Effie, die Tiere fühlen Schmerzen ganz genau wie wir! Weißt du nicht mehr, wie unser Hofhund damals jaulend ankam, wenn er sich nur einen Dorn eingetreten hatte?«

Effie lächelte. »Oh ja, und ich mußte ihn herausziehen, weil ich die geschicktesten Finger hatte ...«

Fast immer gelang es den Schwestern, sich durch gemeinsame Erinnerungen über Meinungsverschiedenheiten und Unstimmigkeiten hinwegzuhelfen, aber mit jedem Tag wurde es beschwerlicher, Gesprächsthemen zu finden. Letztlich landeten sie meist bei Geschichten aus ihrer Arbeit als Gemeindeschwestern. Die praktische Sorge für bedürftige Familien gehörte nach wie vor zu den Hauptaufgaben der ›Little Sisters‹, auch Effie als Oberin betreute noch einen kleinen Bezirk. Schon nach wenigen Tagen in Belgien begann Ada, ihre Schwester zu ihren Schutzbefohlenen zu begleiten. Besonders bei der Pflege akut Kranker in Familien, für die Arzthonorare unerschwinglich waren, konnte sie als ausgebildete Krankenschwester nützlich sein. Die gemeinsame Arbeit entspannte das Verhältnis der beiden Schwestern.

Aber dann führte sie der Rückweg von einem Krankenbesuch zu den Docks von Antwerpen. Hier, am Englandkai, wurden Güter entladen, und gewöhnlich freute Ada sich am Anblick der geschäftigen Männer, die riesige Kisten und Warenballen aus den Bäuchen der Schiffe holten. An diesem klaren, kalten Frühlingstag brachte die Fähre jedoch nicht nur tote Handelsware ...

»Sieh mal, da sind Pferde!« Interessiert sah Ada auf ein Schiff, das offensichtlich gerade entladen wurde. Nach zwei Wochen Aufenthalt in Antwerpen begann sie Ben und die anderen Tiere in Cley zu vermissen. Nun steuerte sie zielstrebig auf die Pferde zu.

»Nein, laß, Ada, das ist kein schöner Anblick!« Effie, die mit gesenktem Blick durch die Straßen eilte, versuchte die Schwester aufzuhalten. »Das sind Schlachtpferde ...«

Damit war Adas Neugier erst recht geweckt. Durch ihre Arbeit in der RSPCA hatte sie einiges über Schlachtpferdetransporte von England nach Belgien gehört. Für englische Viehhändler war es ein lukratives Geschäft, alte, unbrauchbare Pferde in die Schlachthäuser auf den Kontinent zu schicken. Für Pferdefleisch wurde hier gutes Geld bezahlt, während sich in England kaum Käufer dafür fanden. Der Transport der lebenden Ware wurde mit wenig Sorgfalt in die Wege geleitet, weshalb es bereits Proteste der RSPCA gegeben hatte. Auch ein Korrespondent der Daily Mail schrieb einen aufrüttelnden Artikel über die dabei verübten Grausamkeiten, aber all das verhallte weitgehend ungehört. Die Lobby der Pferdehändler war zu stark. Zudem gab es im England von 1911 einen erheblichen Überschuß an Pferden. Im Zuge der Industrialisierung der Landwirtschaft wurden viele Arbeitspferde ausgemustert, und für die schweren Ackerpferde fanden sich keine neuen Interessenten. Die hochherrschaftlichen Kutschen wichen zunehmend Automobilen; die Omnibusbetriebe der Großstädte ersetzten ihre pferdekraftbetriebenen Fahrzeuge durch Motorbusse.

Ada näherte sich dem Frachtschiff also keineswegs in dem naiven Glauben, hier gesunde und ordentlich gepflegte Pferde anzutreffen. Sie erwartete durchaus traurige Szenen, darauf hatte ihre Arbeit auf den Viehmärkten sie genügend vorbereitet. Vielleicht ließ sich der Umgang der Arbeiter mit den unglücklichen Geschöpfen ja auch hier durch ein paar mahnende Worte beeinflussen.

Das Tor zum Schiffsrumpf hatte sich gerade geöffnet, und Ada hörte Schreie und Peitschenknallen aus dem Inneren. Offensichtlich hatte man ein oder zwei Pferde herausgeführt, um den anderen den Weg zu zeigen, aber von selbst schienen die verängstigten Tiere den Bauch des Schiffes nicht verlassen zu wollen. Ada stand ein Stück vor der hölzernen Rampe und versuchte, einen Blick in die Laderäume zu werfen. Da stolperten die ersten Pferde heraus. Ein großer, knochenmagerer Fuchs rutschte beim ersten Schritt auf die Planken. Ein Pony mit blutüberströmtem Gesicht erschrak vor dem Klappern seiner Hufe auf dem Holz und wollte zurück, aber die anderen Pferde drängten es heraus. Ein schmutziger Schecke brach in die Knie und kämpfte verzweifelt, doch die nachkommenden Pferde ließen ihm keine Chance, wieder hoch zu kommen. Der Übergang vom dunklen Schiffsinneren ins helle Sonnenlicht nahm den Pferden die Sicht, zudem trieben von hinten die Peitschen. Blind und in Panik stolperten die Tiere über die Planken, bis ihre Hufe schließlich das Kopfsteinpflaster am Kai ertasteten. Die beschlagenen Pferde rutschten darauf aus und scheuten, ein weiteres Pferd fiel. Ein paar Arbeiter riefen Ada zu, den Weg frei zu machen, aber sie blieb stehen und beobachtete mit schrecklicher Faszination, wie sich die Tiere auf sie zu schleppten. Ein schwarzes Pony lief mühsam auf drei Beinen, das vierte schien gebrochen zu sein. Fast alle Pferde bluteten aus frischen Kopfwunden und anderen Verletzungen, die sie sich während des Transportes auf der Fähre zugezogen haben mußten. Viele fielen auf der Rampe, und bald wurde sie glitschig von Blut und Pferdekot. Kaum hatten die Tiere den Kai erreicht, da trieben die Arbeiter sie gleich weiter in Richtung Stadt.

Vor Ada teilte sich der Strom der Pferde, hielt aber nicht viel Abstand. Ein grauer Hunter mit zerschlagenen Hinterbeinen, ein Fuchs, dem ein Auge fehlte, eine feingliedrige Halbblutstute, deren Rücken von Sattel oder Geschirr bis auf den Knochen aufgescheuert war – Ada hätte sie alle berühren können. Und dann sah sie das braune Pony. Sein Fell war stumpf, es lahmte und das Abzeichen auf seiner Stirn war blutbefleckt. Aber Ada erkannte den Keilstern, den braunen Punkt im Abzeichen. Und das Pferd sah sie an – hob noch einmal den Kopf, bevor es sich wieder seiner Agonie ergab. Ihr Fohlen ... das Fohlen aus Dunborne Manor ... Ada streckte die Hand aus, um es zu berühren, aber diesmal ging es weiter.

Ada sah die Prozession der Pferde wie durch einen roten Schleier. Ihr Mund war trocken und sie fror trotz des Sonnenscheins. Ihr Fohlen, das war ihr Fohlen! Sie sah ihm nach, bis die Pferde vorbei waren. Hundert, vielleicht hundertfünfzig Pferde hatten den Schiffsraum verlassen und schleppten sich jetzt den Kai entlang, getrieben von vielleicht zwanzig Männern.

»Wo gehen sie hin?« fragte Ada einen der Arbeiter. Sie hätte sich die Antwort selbst geben können, aber sie hoffte, aus einem Alptraum zu erwachen, wenn sie ihre eigene Stimme hörte.

»Zum Schlachthof. Jedenfalls die meisten. Ein paar treiben sie noch zum Viehmarkt auf der Place de la Duchesse. Vielleicht kann sie ja noch einer brauchen. Aber Sie sollten nicht hier sein, Lady. Dies ist kein Ort für Damen!«

»Dies ist überhaupt kein Ort für fühlende Menschen!« sagte Ada böse. »Was ... geschieht da drin?« Sie wies auf den immer noch offenen Frachtraum, aus dem Rufe und Stöhnen zu hören war.

»Sie holen alle raus, die auf dem Weg krepiert sind. Die Wagen müßten gleich hier sein, die Leute machen schon mal die Seilwinden fest. Aber Sie müssen jetzt gehen, Lady...«

Die Geräusche aus dem Frachtraum klangen nicht so, als ob alle Pferde darin tot wären, aber damit konnte Ada sich später beschäftigen. Beim nächsten Mal, dachte sie mechanisch. Sie wandte sich ab und begann, dem Zug der Pferde zu folgen.

Effie hatte inzwischen eingesehen, daß es keinen Zweck hatte, auf Ada zu warten. Sie kam zu ihr an den Kai.

»Komm jetzt, Ada. Wir müssen nach Hause. Das hier ist scheußlich. Aber es läßt sich nicht ändern.«

»Aber Effie, all diese Pferde! Da kann man doch nicht einfach zusehen!« Ada fühlte sich wie gelähmt oder besser wie steif vor Kälte. Nur ihre Beine bewegten sich wie von selbst. Sie folgten den Pferden.

»Du sollst da ja auch nicht zusehen. Komm jetzt und denk nicht mehr dran!«

Ada blieb stehen. »Und davon, meinst du, wird es besser? Davon, daß wir wegsehen und wegdenken? Oh nein, Effie, komm mir nicht wieder mit ›Das kann man nicht ändern!‹ Wenn genug Leute hinsehen, kann man es ändern, und wir müssen die Leute zwingen, hinzusehen!« Entschlossen drückte sie Effie ihre Tasche in die Hand und schritt um so rascher vorwärts. Der Zug der Pferde bewegte sich jämmerlich langsam. Immer wieder brachen einzelne in die Knie und mußten hochgeprügelt werden. Ada dagegen war gut zu Fuß. Während sie die traurige Prozession einholte, rasten ihre Gedanken. Es konnte nicht das Fohlen sein, das sie damals auf Dunborne Manor gesehen hatte. Seit damals waren 41 Jahre vergangen. So lange lebt kein Pferd. Zudem war dieses Tier ein kleines Pony, während sich ihr Fohlen zu einem kräftigen Cob hatte entwickeln müssen. Aber machte das einen Unterschied? Dieses Pferd brauchte ihre Hilfe, also war es ihr Pferd. All diese Pferde waren ihre Pferde!

Hinter den Schlachtpferden und ihren Treibern hatten sich jetzt die Wagen mehrerer Abdecker eingereiht. Brach ein Tier zusammen und kam nicht mehr auf die Beine, so zerrte man es mit Seilen und Flaschenzügen auf die Wagen. Ada registrierte, daß man die Pferde nicht sofort tötete und fragte sich nach dem Grund.

Der Weg der Pferde führte durch bewohnte Straßen Antwerpens, und Ada sah, wie sich Fensterläden schlossen und Mütter ihre Kinder rasch ins Haus riefen. Niemand wollte das Elend dieser Pferde sehen, aber morgen würden sie ihr Fleisch beim Metzger kaufen. Ada fühlte, wie ihr übel wurde. Sie hatte schon jahrelang wenig Fleisch gegessen, aber von nun an würde sie nie wieder welches anrühren.

Nach einigen Meilen Marsch, kurz vor den Toren des Schlachthofes, fiel das braune Pony. Ada sah, wie es vergeblich versuchte, sich hochzustemmen. Die Treiber bemühten sich zunächst, es aufzuprügeln, winkten dann aber dem Abdecker. Doch bevor der die Seile um die zierlichen braunen Fesseln schlingen konnte, kämpfte das Tier sich noch einmal hoch. Ada beobachtete, wie es beinahe stolz den Kopf hob. Einer der Treiber wollte es am Halfter fassen, aber das kleine Tier legte mit letzter Kraft die Ohren zurück und drohte ihm. Auf eigenen Beinen betrat die kleine Stute den Schlachthof, während sich das Tor vor Ada schloß. Das Pony sah nicht zurück.

Wie in Trance machte sich Ada auf den Rückweg. Sie suchte auf dem Pflaster nach den Spuren der Pferde, aber die Räder der Kutschen und Automobile hatten die Blutflecken und die wenigen Pferdeäpfel auf der Straße fast schon verwischt. Ada fragte sich, wann die Pferde das letzte Mal gefüttert worden wären, und ob man sie auf dem Schiff wenigstens getränkt hätte.

Am Rand des Weges stand eine Bank. Ada setzte sich und wartete. Ein paar Passanten warfen verwunderte Blicke auf die kleine, dunkel gekleidete Frau, die an diesem kalten Nachmittag bei verlöschendem Tageslicht auf einer Steinbank hockte. Aber Ada bemerkte sie nicht. Sie starrte vor sich hin ohne etwas zu sehen. Sicher war die Kälte besser als Weinen. Weinen hatte noch nie geholfen.

Nach langer Zeit traf sie endlich die Entscheidung, das Pony müsse tot sein. Sie stand langsam auf und wanderte zurück zum Konvent. Die Zeit zu trauern war vorbei. Jetzt war es Zeit zu kämpfen!

Effie befand sich bereits in heller Aufregung. Es war vollständig dunkel geworden, bevor Ada heimkehrte. Vesper und Abendessen waren vorübergegangen, und die meisten Schwestern hatten sich längst zurückgezogen. Nur die Oberin wanderte rastlos zwischen der Pforte und ihren Wohnräumen hin und her. Als Ada dann endlich, todmüde und erschöpft, in den Konvent zurückfand, machte Effie ihr heftige Vorwürfe: »Was denkst du dir dabei, diesen Pferden hinterherzulaufen. Jeder hätte dir sagen können, wo sie hingebracht werden. Du brauchtest nicht zu Fuß bis zum Schlachthof zu gehen!«

»So, jeder weiß davon, aber keiner tut etwas! Warum verschließen die Leute ihre Türen, Effie? Warum verhindern sie nicht, was da geschieht?«

»Vielleicht weil sie gerne Pferdefleisch essen. Oder weil sie anderes zu tun haben, was weiß ich? Meine Güte, Ada, in England gibt es doch auch Schlachthöfe. Stehen da etwa die Leute drumherum und schauen es sich an?« Effie war ernstlich verärgert. Sie hatte sich Sorgen um die Schwester gemacht, und zudem schadete Adas Neigung zu Disziplinverstößen ihrem Ansehen im Kloster. Die Anwesenheit bei der Vesper war ein Muß für alle Bewohnerinnen des Konvents und wurde auch von Besucherinnen erwartet. Natürlich gab es stichhaltige Gründe, der Messe fernzubleiben. Aber die Begleitung englischer Schlachtpferde zu ihrem Bestimmungsort gehörte Effies Ansicht nach nicht dazu.

»Effie, es geht nicht um die Existenz von Schlachthöfen. Es geht um Tierquälerei schlimmsten Ausmaßes! Der Transport auf den Schiffen, der Weg zum Schlachthaus! Mein Gott, Effie, ein paar dieser Pferde liefen auf drei Beinen!« Ada hatte ein verspätetes Abendessen ausgeschlagen, griff jetzt aber durstig nach einer Tasse Tee. Vielleicht würde das die Kälte in ihr vertreiben. »Und ihre Augen, Effie, ihr Blick – das war nicht einfach Schlachtvieh, das waren Pferde, Pferde wie unsere Gespanne auf Croxton Hall und...« Und wie mein Pony... dachte Ada.

»Es sind Tiere, Ada! Gott gab sie uns, damit wir sie nutzen. Hier...« Die Nonne ging zu ihrem Bücherregal und zog ein Buch heraus. »Ein paar Worte von Frater Joseph Rickaby: ›Wir haben den Tieren gegenüber keine Pflichten – keine rechtlichen, keine religiösen. Wir schulden ihnen auch keine Treue, denn sie sind ja nicht fähig, Versprechen anzunehmen, zu halten und ihre Einhaltung zu fordern. In Frage kommt also allenfalls Wohltätigkeit. Und gibt es die Pflicht zur Wohltätigkeit gegenüber niederen Geschöpfen? Nein, die gibt es nicht!‹«

Ada sah sie verständnislos an. »Das kannst du nicht glauben!« sagte sie leise, bevor sie aufstand und auf ihr Zimmer ging. Aber sie hatte Effie und ihren Vortrag schon vergessen, als sie dort ankam. Mit ihrer Religion konnte sie sich später auseinandersetzen. Die Pferde brauchten sie jetzt. Ada überlegte: Von Antwerpen aus würde sich die Arbeit schwierig gestalten. Ada hatte keine Kontakte zu anderen Tierschützern und würde kaum an zusätzliche Informationen herankommen. Während ihres Aufenthaltes in Belgien konnte sie also lediglich Fakten sammeln. Die konkrete Arbeit für die Pferde mußte von England aus erfolgen. Ada wappnete sich für weitere Inspektionen an den Docks. Die Leiden der Tiere mußten dokumentiert werden.

In den nächsten Tagen beobachtete Ada das Entladen der Schiffe und die Züge der Pferde zum Schlachthof erneut, aber sowohl die Schiffsräume als auch das Schlachthaus selbst blieben ihr verschlossen.

Ihre Versuche, die Arbeiter und Schlachtergehilfen an den Docks direkt anzusprechen, schlugen ebenfalls fehl. Hier hatte sie es nicht mit englischen Viehhändlern zu tun, die immer auf der Hut vor den Inspektionen der RSPCA lebten. Die belgischen Pferdetreiber kannten keine Tierschutzgesetzgebung, und die Pferde waren für sie Fleisch, keine Lebewesen. Wenn Ada sie nach Wasser oder Futter für die Tiere fragte, so zuckten sie nur die Schultern – die Pferde gingen zum Schlachter, wozu also noch füttern und tränken? Wer hier etwas ändern wollte, mußte an die Eigentümer der Tiere heran. Aber welcher belgische Pferdehändler hörte schon auf eine kleine, englische Lady?

Effie protestierte, als Ada ihre baldige Heimkehr nach England ankündigte. In Antwerpen gäbe es noch so viel mehr zu sehen als ein paar Schlachtpferde, und ihr Versprechen, Ada etwas zu verwöhnen und »aufzufüttern« habe sie auch nicht halten können. Auf jeden Fall sollte die Schwester noch drei oder vier Wochen bleiben. Ada stand jedoch nicht der Sinn nach Museen, Ausflügen in die Umgebung oder gar Ruhe im Klostergarten. Ihre Aufgabe war der Kampf für die Pferde, und der mußte von England aus geführt werden. Konsequent verabschiedete sie sich von ihrer Schwester: »Aber ich glaube nicht, daß es noch einmal zehn Jahre dauert, bis wir uns wiedersehen. Ich werde diese Pferdetransporte weiter verfolgen, und ich muß diese Schlachthäuser sehen!«

Effie nickte, wenn auch mit unverständigem Kopfschütteln. Ada würde in ihrem Konvent immer willkommen sein.

Nach der Heimkehr nach England verbrachte Ada zunächst ein paar Tage bei Daisy. In London war es sehr viel einfacher als von Cley aus, sich umfassend zu informieren.

Ada wandte sich an die Hauptgeschäftsstelle der RSPCA und besorgte sich die Berichte von Tierschützern und Journalisten, welche die »Schiffe des Todes« vor ihr gesehen und beschrieben hatten. »Wenn die britische Öffentlichkeit vom Schicksal der ausgedienten Pferde wüßte, so ginge unzweifelhaft ein Aufschrei durch unser Land, und die Transporte würden innerhalb von drei Monaten enden!« schrieb die Daily Mail hoffnungsvoll. Ada war da weniger optimistisch.

In der RSPCA bemühte sich vor allem ihr Sekretär Captain Fairholme um die Einstellung der Schlachtpferdetransporte. Er sprach von einer »Schande für England« und setzte alle Hebel in Bewegung, die Grausamkeiten der Transporte in Text und Bild festzuhalten – leider mit wenig Einfluß auf die öffentliche Meinung. Aus seinen Schilderungen und den in der Illustrated London News veröffentlichten Zeichnungen erfuhr Ada auch einiges über die Zustände an Bord der Schiffe. Die Pferde standen dort in offenen Frachträumen ohne die Möglichkeit, sich anzulehnen oder Schutz vor dem Fallen bei schwerem Seegang und Sturm. Fairholme beschrieb einen Transport von 177 Pferden, von denen 30 schon auf dem Schiff starben und siebzehn gleich nach der Ankunft in Belgien notgeschlachtet werden mußten. Als die Tierschützer und ein Reporter der Daily Mail die Ankunft der überlebenden Elendsgestalten photographieren wollten, hinderten die Dockarbeiter sie daran, entrissen ihnen die Kamera und zeigten sich so aggressiv, daß schließlich die Polizei eingreifen mußte. Nach diesem Vorfall versprach der Belgische Premierminister eine Verschärfung der Tierschutzauflagen, aber vorerst änderte sich nicht viel.

Immerhin hatte das britische Parlament bereits 1910 bestimmt, die Verschiffung der Pferde in England zu überwachen. Auch sollten die Tiere an Bord gefüttert und getränkt werden. Tatsächlich gab es in der Folge Tierschutzinspektionen in den wichtigsten Häfen, aber die Prüfer kamen zu selten und schafften es kaum, die Pferdehändler und ihre Helfer zu überraschen. Der britisch-belgische Pferdehandel war gut organisiert und bereit, für Informationen zu zahlen. Insofern erlangten die Händler auch Kenntnis von unangemeldeten Inspektionen – oft genug gelang es ihnen, den Tierschutzinspektor selbst zu bestechen.

Je mehr Ada las und herumfragte, desto schockierender waren ihre Erkenntnisse. So fand sie nun auch heraus, weshalb man die Pferde unbedingt lebend in die Schlachthöfe bringen mußte. Eine Nottötung verschlechterte nach Ansicht der Händler und Metzger die Qualität des Fleisches. Das von den Käufern bevorzugte weiße Fleisch ließ sich nur erzeugen, indem man die Pferde buchstäblich bei lebendigem Leib ausbluten ließ. Fairholme, den Ada in London traf, berichtete von schrecklichen Szenen in den Schlachthäusern. »Man versucht, die Tiere mit Holzhämmern zu betäuben, damit sie heruntergehen und man die Hauptschlagader öffnen kann. Aber die Schlachter treffen nicht immer. Manche Pferde kämpfen mit dem Mut der Verzweiflung ... Sie können sich das nicht vorstellen!«

Ada hörte von Pumpen, mit denen man Pferden das Blut bei vollem Bewußtsein aus dem Körper sog. Dieses Verfahren war besonders beliebt, weil die Muskulatur damit schnell und fast vollständig ausblutete und extrem weißes Fleisch zurückblieb. Mitunter gelangte es als Kalbfleisch deklariert in den Handel.

Einige der exportierten Pferde endeten auch nicht in den Schlachthöfen, sondern als Versuchstiere und Anschauungsobjekte in den veterinärwissenschaftlichen Fakultäten der Universitäten. Die Studenten konnten hier an lebenden Tieren Operationspraktiken üben. Ada hatte den Verdacht, daß man die teuren Anästhetika dabei nicht sehr großzügig einsetzte. Einige wenige Pferde fanden noch Käufer auf dem Pferdemarkt und wurden für einige Wochen oder Monate weiterer Fronarbeit zugeführt, bevor dann auch sie beim Schlachter landeten.

»Das alles funktioniert nur, weil die Pferde so billig sind!« ereiferte sich Fairholme, indem er gestikulierend im Zimmer herumwanderte. »Wenn die britische Regierung eine Ausfuhrsteuer erheben würde – sagen wir zwanzig Pfund auf jedes Schlachtpferd – dann kämen die Transporte schlagartig zum Erliegen. Aber so bringen sie einfach zu viel Gewinn! Die Händler zahlen hier zehn Pfund oder weniger für einen armen Gaul, und der Schlachter gibt ihnen das vierfache und mehr! Da fallen die Kosten für den Transport und die Treiber gar nicht mehr ins Gewicht!«

»Aber warum macht man es dann nicht?« fragte Ada. »Warum bringen wir keine entsprechende Gesetzesvorlage ein?«

Fairholme zuckte die Schultern. »Was meinen Sie, wie schwierig das ist! Sehen Sie das doch mal mit den Augen der Parlamentarier: Da sind die Händler mit ihrer mächtigen Lobby, und die Belgier, zu denen man gute Beziehungen pflegen will. Wie sähe das schließlich aus, die Bürger des Nachbarlandes öffentlich als Tierquäler zu brandmarken! Hinzu kommt, daß man im Grunde froh ist, die Pferde los zu werden. Schauen Sie sich doch mal um: Von den Straßenbahnbetrieben bis zum Droschkenkutscher, jeder verkauft seine Pferde. Wo sollen die denn hin?«

»Zum Beispiel in britische Schlachthöfe!« antwortete Ada. Der Gedanke daran, die Tiere hierzulande abzuschlachten, gefiel ihr zwar auch nicht sonderlich, aber letztlich war sie Farmerstochter und bereit, die Realitäten zu akzeptieren. »Warum können wir die Pferde nicht hier töten und dann das Fleisch exportieren?«

Fairholme lachte bitter. »Haben wir uns auch schon gefragt. Der eine Grund ist natürlich die Sache mit dem weißen Fleisch. Wenn sie die Tiere erschießen und dann erst ausbluten lassen, kriegen sie das nie so hell. Letztlich muß das Herz das Blut aus dem Körper pumpen, anders funktioniert's nicht. Aber davon mal abgesehen: Meinen Sie im Ernst, die Damen und Herren, die jetzt ihre Gespanne gegen Automobile eintauschen, geben ihre Pferde direkt zum Schlachter? Nein, dafür sind Mylord und Mylady viel zu zart besaitet. Die wollen einen Pferdehändler, der ihnen Geschichten erzählt. Die meisten glauben, die lieben Tiere kämen aufs Land in gute Hände ...«

»Also läuft alles darauf hinaus, den Leuten die Wirklichkeit vor Augen zu führen!« meinte Ada. »Das Parlament wird nur reagieren, wenn es Druck aus der Öffentlichkeit spürt.«

Zeit zu kämpfen

In Belgien, den Niederlanden, Frankreich und Italien war der Verzehr von Pferdefleisch von jeher weniger mit Tabus behaftet als in Ländern wie England oder Deutschland. Das bedeutete allerdings nicht, daß man hier grundsätzlich grausamer mit Tieren umging und Tierschutzorganisationen unbekannt waren. Über die RSPCA kam Ada an die Adressen führender Tierschützer, und Jules Ruhl, Präsident der Brüsseler Gesellschaft für den Schutz der Tiere, antwortete postwendend auf ihren Brief.

»Auch uns ist die Situation nicht unbekannt, und obwohl ich mich persönlich noch nicht von den Zuständen an den Docks von Antwerpen überzeugen konnte, stimme ich Ihnen doch zu, daß hier Handlungsbedarf besteht. Selbstverständlich besorge ich Ihnen gern eine Besuchserlaubnis für die Schlachthäuser in meinem Land, ja, ich möchte mich Ihnen bei der Inspektion sogar anschließen. Wir sollten uns in Antwerpen treffen, um uns gemeinsam ein Bild der Lage zu machen. Anschließend können wir dann unsere weiteren Aktionen in Belgien und in Großbritannien aufeinander abstimmen.«

Ada packte also erneut ihre Koffer. Mit einheimischen Verbündeten würde die Arbeit vor Ort einfacher sein. Allerdings beschlich sie ein ungutes Gefühl, wenn sie an das Wohnen im Konvent dachte. Sicher freute sich Effie über ein Wiedersehen, aber ihre Arbeit für die Pferde würde sie kaum unterstützen.

Monsieur Ruhl erwartete Ada am Anlegeplatz der Fähre. Er schien sie sofort zu erkennen und schob sich winkend durch die Menschenmenge auf sie zu.

»Miss Cole? Ich bin Jules Ruhl. Willkommen in Belgien. Ich hoffe, Sie werden den Aufenthalt in meinem Land nicht allzu belastend erleben.«

Ada sah zu ihm auf und blickte in ein offenes, großflächiges Gesicht. Jules Ruhl war ein großer, etwas vierschrötiger Mann, und auf den ersten Blick schienen seine kräftig zufassenden Hände kaum zu dem sanften Blick seiner braunen Augen zu passen. Belgiens oberster Tierschützer war ein von Grund auf freundlicher und gutmütiger Mensch. Aber wenn es darauf ankam, würde er auch kämpfen können ...

Ada lächelte. »Ich liebe Ihr Land«, sagte sie in ihrem fließenden Französisch. »Seine Städte, seine Kunstschätze ... Ich habe einige Zeit hier gearbeitet. Grausamkeiten gegen Tiere sind nicht auf Belgien beschränkt. Sie kommen überall vor, wo wir nicht wachsam sind. So, und nun helfen Sie mir. Ich muß all das hier in mein Quartier bringen.«

Fast ungläubig sah Jules Ruhl auf die Mengen an Gepäck, die Ada mitgebracht hatte. Dabei sah diese Lady gar nicht so aus, als pflege sie mit solchen Unmassen an Koffern und Hutschachteln zu reisen! Erst auf den zweiten Blick erkannte er die voluminöse Fotoausrüstung, die fast das gesamte Gepäck umfaßte.

»Lieber Himmel, was ist das? Sagen Sie nicht, Sie wollten diese Kamera auf den Schlachthöfen aufbauen!«

Ada zuckte die Schultern. »Auf den Schlachthöfen, an den Docks … überall, wo man mich läßt.« Sie schulterte das hölzerne Stativ, während Ruhl die Leinentasche mit der Reisekamera aufnahm. »Ich habe gehört, die Herren Pferdehändler schätzen Photographen nicht besonders.«

»Können Sie überhaupt mit dem Ding umgehen?« Ruhl sah sich nach einer Droschke um.

»Na ja, es ist eine Reisekamera. Angeblich kann jeder damit umgehen. Ich habe eine Gebrauchsanweisung dazu bekommen.« Ada war optimistisch.

»Wir sollten es aber doch ausprobieren, bevor wir uns damit in die Höhle des Löwen wagen. Ich habe einmal mit einem Photographen zusammengearbeitet, als es um Tierversuche bei Hunden ging, und ich gewann nicht gerade den Eindruck, man könnte das in drei Minuten lernen … warum treffen wir uns nicht heute Nachmittag, gleich nachdem Sie sich etwas frisch gemacht haben? Haben Sie schon ein Hotel?« Ruhl hatte endlich eine Droschke herangewunken und verstaute nun Adas Gepäck, nachdem beide das Zugpferd kritisch gemustert hatten. Das Tier war vielleicht etwas mager, aber gesund und gut gepflegt.

Ada überlegte sekundenlang. Wenn sie jetzt zum Konvent ging, mußte sie mit Effie Tee trinken, anschließend zur Vesper … der Tag wäre verloren. Jules Ruhl dagegen bot ihr Hilfe beim Ausprobieren der Kamera und einen interessanten Nachmittag – und sie wollte auch zu gern wissen, wie der Photographeneinsatz in den Versuchslabors gelaufen war …

»Nein … ich … wollte eigentlich meine Schwester besuchen. Aber das kann ich morgen auch noch tun. Vielleicht können Sie mir eine Pension empfehlen?«

Mit Hilfe des Droschkenkutschers fand sich schnell

eine respektable Pension in der Innenstadt, nicht weit von den Docks entfernt. Ada erhielt ein freundliches Zimmer und fühlte sich geradezu lächerlich frei. ›Wie ein Mädchen, das seiner Gouvernante entflohen ist, und nun sein erstes Rendezvous plant!‹ dachte sie und schüttelte über sich selbst den Kopf. Über das Stadium sollte man mit Einundfünfzig wirklich hinaus sein!

Jules wartete geduldig im Foyer, bis sie ihre Sachen verstaut und sich frisch gemacht hatte. Rasch vertauschte sie ihr schwarzes Reisekleid gegen einen dunkelblauen Rock, eine weiße Bluse und einen schlichten, blauen Umhang. Das Wetter in Antwerpen war schöner als das in England. Sie war morgens bei Nebel und Nieselregen abgefahren, und hier schien die Sonne.

Jules lächelte ihr zu, als sie die Stufen herunterkam. »Also kommen Sie, versuchen wir unser Glück mit der Photographie! Bevorzugen Sie Gebäude oder Blumen?«

Ada entschied sich für Blumen. Im Park würde es auch weniger Aufsehen erregen, wenn sie ihre Kamera und das Stativ auspackten.

Jules führte Ada in den Antwerpener Stadtpark, und die zwei suchten sich eine etwas abgelegene Stelle, um die Ausrüstung aufzubauen. Beide lachten, als sie ein Liebespaar störten, das sich an eben diesem Platz getroffen hatte.

»Nun kann ich wenigstens auch einmal sagen, ich hätte hinter einem Rosenbusch Geheimnisse mit Männern ausgetauscht!« lachte Ada.

Jules Ruhl sah sie prüfend an. »Tun Sie das wirklich zum ersten Mal?« neckte er sie. »Und wenn, lag es dann an den fehlenden Männern, dem Mangel an Geheimnissen oder fanden Sie einfach keine Rosenbüsche?«

Ada wollte ihm eine rasche Abfuhr erteilen, aber

dann sah sie sein gutmütiges Lächeln und mochte es nicht auslöschen.

»Zumindest lag es nicht an letzterem. Der Rosengarten meiner Mutter war eine Pracht! Ich schätze, man hat mir einfach die falschen Männer vorgestellt. Ein Photograph zum Beispiel war nicht darunter. Dabei hätte ich mich gern in das Geheimnis der korrekten Belichtung einweihen lassen.« Ada entfaltete die Gebrauchsanweisung ihrer Kamera. »›Diese Kamera erlaubt das Verstellen und Schwenken von Front- und Mittelscheibenebene und ermöglicht die Benutzung von Objektiven verschiedener Brennweite.‹ Verstehen Sie das?«

Jules wandte die Kamera in der Hand hin und her. »Ich wünschte, ich fände erst mal die Schrauben, mittels derer man die Kamera mit dem Stativ verbindet. Diese Reiseausrüstung ist ja wirklich sehr praktisch, aber mußte man das Ding in so viele Einzelteile zerlegen?«

Nach einiger Zeit stand der Aufbau und sah recht professionell aus, aber mit der Bedienung ließ die Gebrauchsanweisung die beiden Anfänger hoffnungslos allein.

»Mir scheint, die Erklärungen beziehen sich allein auf das Aufstellen. Die weiteren Kenntnisse setzt der Hersteller voraus«, überlegte Jules, nachdem er sie zum dritten Mal studiert hatte.

»Offensichtlich«, seufzte Ada. »Nun verstehe ich auch die Bemerkungen des Verkäufers: ›Mit diesem Gerät haben Sie eine wirkliche Profikamera, Miss Cole!‹ Was machen wir jetzt?«

Jules machte Anstalten, die Kamera wieder abzubauen. »Zunächst darf ich Sie hoffentlich zum Tee einladen. Und danach werden wir sehen, ob Monsieur

Frère zu Hause ist. Ich habe hier eine Karte von ihm. Er macht Tierfilme.«

»Was macht er?« fragte Ada und hielt die Leinentasche für die Kamera auf.

»Filme – bewegliche Bilder. Haben Sie nie etwas davon gehört? Diese Leute arbeiten mit einer Kamera, die mehrere Bilder nacheinander macht. Und danach läßt man sie schnell hintereinander ablaufen und sieht die Menschen oder Tiere in Bewegung.«

Ada nickte. »Doch, natürlich. Man nennt das ›Kinematographische Apparate‹, nicht wahr? Ich sah einen solchen Film von der Krönung König Edwards. Es war phantastisch! Und Sie kennen jemanden, der so etwas macht? Meinen Sie, er würde die Pferde – filmen?«

»Ich hoffe es jedenfalls. Ich traf Monsieur Frère auf einer Tagung über Tierschutz. Er sagte mir damals, er würde uns gern einmal helfen.« Jules verschnallte das Stativ auf der Kameratasche. »Zumindest sollte er uns erklären können, wie dieses Gerät hier funktioniert! Für jemanden, der bewegliche Bilder macht, dürften einfache Photographien kein Problem sein, oder meinen Sie nicht?«

Ada nickte. Vor allem aber träumte sie jetzt von einem Film. Wenn die Menschen in England den Leidensweg der Pferde so sahen, wie sie ihn beobachtet hatte, mußten sie dem ein Ende machen! Nachdenklich folgte sie Jules Ruhl in ein kleines Café gegenüber der Kathedrale.

»Warum setzen Sie sich so für die Tiere ein?« fragte sie ihn, als die beiden vor Tee und Gebäck saßen. »Ich meine – man braucht so viel Zeit und Kraft, und Sie haben doch sicher eine Familie …«

Jules schüttelte den Kopf. »Nein. Da gab es zwar mal

eine Frau, aber letztlich mochte sie mich nicht mit den Tieren teilen. Ich lebte damals direkt neben einem Versuchslabor, um die Anzahl der Versuchstiere und ihr Leiden zu dokumentieren. Na ja, und meine Freundin … sie konnte das Jaulen der Hunde nicht hören – und verstand nicht, wie ich es aushielt. Sie stichelte auch jedes Mal, wenn ich wegfuhr, zu Tagungen oder Tierschutzaktionen. Eines Tages holte ich mir eine blutige Nase, weil ich ein paar Hundefängern zu nahe kam. Dann stellte sie mich vor die Entscheidung: die Viecher oder ich. Sie sehen, wie ich mich entschieden habe!«

Ada lächelte. »Aber wie kommen Sie dazu? Warum kämpfen Sie für die Tiere?«

Jules zuckte die Schultern. »Nun, ich stamme vom Land, von einem Bauernhof. Ich hatte Umgang mit Tieren so lange ich denken kann – und ich weiß noch, wie entsetzt ich war, als ich hörte, unsere Schweine wären das ›Rohmaterial‹ für die Blutwurst!« Er lachte. »Mein Vater mußte ein Machtwort sprechen, bevor ich endlich meinen Teller leer aß. Und dann nahm er mich mit in den Stall, um es mir zu erklären: Wir Menschen haben eine Verpflichtung gegenüber den Tieren. Es ist nichts dagegen zu sagen, sie zu essen; Gott hat Fleischfresser und Pflanzenfresser geschaffen, nach seinem weisen Ratschluß wird in der Natur getötet, um zu leben. Aber niemand kann mir heute weismachen, Gott habe dabei an Schiffe voll halbtoter Pferde gedacht, an weißes Fleisch verbluteter Rösser und den Profit der Händler, die es als Kalbfleisch anbieten!«

Ada lächelte. »Fast genauso hat es mir mein Vater auch erklärt. Ich komme ebenfalls von einer Farm mit vielen Tieren. Aber am meisten liebte ich Pferde.«

»Das ging mir genauso. Ich hatte ein Pony, als ich klein war!«

»Ich auch!« brach es aus Ada heraus.

»Wirklich? Ach ja, das gute alte England. Die Mädchen sitzen genauso schneidig zu Pferde wie die Jungs. Ich kann mir gut vorstellen, wie Sie im Damensattel mit wehendem Haar über die Felder galoppierten.«

Ada war erschrocken über ihre Lüge. Sie mußte Jules erzählen, wie es wirklich gewesen war. In der Familie Cole hatten nur die Jungen reiten dürfen. Aber dann sah sie den Glanz in seinen Augen und erblickte sich selbst darin, so, wie er sie jetzt vor sich sah – ein Mädchen im schwarzen Reitkostüm im raschen Galopp hinter der Meute, auf einem braunen Pony mit Keilstern ... Warum sollte es nicht so gewesen sein?

»Wie hieß Ihr Pony?« fragte sie.

»Beauregard. Ich nannte ihn Beau. Und Ihres?«

»Dream!«

Ada und Jules sprachen über Ponys und die Pferdezucht in England und auf dem Kontinent. Darüber kamen sie natürlich auf den Tierschutz und ihre vielfältigen Aktivitäten. Jules erzählte, daß er sich bisher hauptsächlich gegen Tierversuche eingesetzt hatte. Als Hochschullehrer hatte er miterlebt, wie rücksichtslos seine Kollegen mit Hunden und Katzen umgingen.

»Im Institut neben mir arbeitete ein Biologe, der besonders gern mit ›lebenden Beispielen‹ operierte. Er schnitt die armen Viecher bei lebendigem Leib auf und zeigte den Studenten die Organe. Zum Teil haben die Jungs gesammelt, um die Tiere vor den Versuchen zu betäuben – nicht unbedingt, weil sie ihr Leiden berührte, sondern weil sie den Vortrag kaum verstehen konnten, so jammerten die armen Geschöpfe. Ich habe mir das eine Zeitlang angesehen und angehört, aber dann mußte ich etwas tun!«

Schließlich machten sie sich auf in die Rotterdamstraat. Hier mußte das Atelier des Tierfilmers sein.

»Jean Pathé Frère, Photographisches Atelier, Portraits, Außenaufnahmen, Tierphotographie – Na also!« freute sich Jules.

»Von Filmen steht da aber nichts«, meinte Ada skeptisch.

Jules betätigte die Türglocke, aber es dauerte einige Zeit, bis jemand öffnete. Gerade als sich die beiden schon enttäuscht abwenden wollten, ging die Tür auf.

»Bitte verzeihen Sie die Verspätung, aber ich war in der Dunkelkammer!« erklärte der Photograph, ein kleiner, drahtiger Mann mit dichtem Haar und voluminösem Schnurrbart. »Was kann ich für Sie tun? Oh, Monsieur, kennen wir uns nicht?«

Jean Pathé Frère erneuerte seine Bekanntschaft mit Jules Ruhl und führte die Besucher dann in sein Atelier. Jules stellte Ada vor und erläuterte ihr Ansinnen.

»Kurz gesagt, wir brauchen eine schnelle Einführung in die Benutzung dieser Kamera.« Jules öffnete die Leinentasche.

Während Frère Adas Photoausrüstung untersuchte, sahen sich Ada und Jules im Atelier um. Frères Arbeitsplatz umfaßte ein Sammelsurium von Kameras, Sesseln und Stellwänden. Es gab große Lampen, um die richtige Beleuchtung zu gewährleisten, und die verschiedensten Accessoires für die Bilder. So konnten sich Frères Kunden zum Beispiel auf einem Fahrrad ablichten lassen, das auf Stützen aufrecht stand und damit die Illusion der Bewegung erzeugte. Im Hintergrund sah man eine gemalte Landschaft. Für Kinderbilder standen

Schaukelpferde zur Verfügung, romantische Fotos konnten vor Blumenarrangements oder Putten und Brunnen aus Pappmachée gestellt werden. Auf Ada machte all das den Eindruck einer verwunschenen Scheinwelt, aber es war interessant und sie fühlte sich wohl.

»Oui, Madame, eine sehr schöne Ausrüstung!« bemerkte Jean Pathé Frère nach ausführlicher Begutachtung und Aufstellung der Reisekamera. »Ideal für einen Landschaftsphotographen oder einen Architektur-Photographen. Aber Sie, Madame, können damit unmöglich etwas anfangen!« Er lachte.

Ada funkelte ihn ärgerlich an. »Ich bin überzeugt, Frauen können diesen Kasten ebenso gut beherrschen wie Männer, Monsieur.«

»Oh, bitte verzeihen Sie, Madame, so war das nicht gemeint. Im Bereich der Photographie arbeiten viele Damen. Zum Teil haben sich ihnen schon die renommiertesten Lehrinstitute geöffnet. Aber auch das schöne Geschlecht muß den Umgang mit der Technik zunächst erlernen!« entschuldigte sich Jean Pathé Frère und lächelte Ada zu.

»Und dazu muß man wirklich erst ein Institut besuchen?« fragte Ada besänftigt, aber auch etwas entmutigt.

»Die handwerkliche Seite, Madame, erlernen eine praktische Frau oder ein geschickter Mann in wenigen Stunden. Aber das Künstlerische ...«

»Das Künstlerische können wir weglassen. Mir geht es nur um die Wirklichkeit. Können Sie mir gerade zeigen, wie es geht?« Ada wollte keine Zeit vergeuden.

»Madame, was ist die Wirklichkeit? Sieht nicht jeder etwas anderes, wenn er ihre vierbeinigen Schützlinge an den Docks eintreffen sieht? Der eine sieht Fleisch, der andere Profit – Sie sehen die leidende Tierwelt ...«

»Monsieur Frère«, seufzte Jules, »sind Sie Photograph oder Philosoph?«

»Wie kann ich das eine sein ohne das andere? Man zahlt einen Photographen nicht, damit er die Wahrheit abbildet – wollen Sie etwa das Alltagsgesicht Ihrer Liebsten auf einer Photographie? Oder wünschen Sie nicht eher das Antlitz einer Nymphe, einer Schönheit? Kommen Sie her, Miss Cole!« Frère zog die protestierende Ada aus ihrem Sessel und bat sie auf einen Stuhl vor seiner Kamera.

»Wollen Sie mich photographieren? Dann muß ich mein Haar richten, ich muß ...«

»Nein, lassen Sie es nur so! Ihr Haar sollte nicht so streng aussehen. Lehnen Sie Ihren Kopf hier an. Und Ihre Hand lassen Sie sinken – Lassen Sie sie fließen, als säßen Sie in einem Boot und Ihre Hand hinge locker im Wasser. Sehr schön. Und nun schauen Sie dort hinüber – nein, nicht auf Ihre Kamera, schauen Sie ins Weite! Und dann denken Sie ... denken Sie an das Schönste, das Ihnen je widerfahren ist!« Frère verschwand hinter der Kamera, und Ada versuchte an ihr Fohlen zu denken. Aber diesmal sah sie die braune Stute als erwachsenes Pferd. Sie träumte sich in die Rolle der kleinen Reiterin, war sekundenlang so, wie Jules sie gesehen hatte, und erkannte den Jungen auf dem Pferd neben ihr, einem Pony namens Beauregard ...

»So, fertig. Morgen können Sie es abholen. Dann werden Sie verstehen ... Aber nun – zu Ihrer Photoausrüstung.« Frère trat hinter die Reisekamera.

Zwei Stunden später waren Ada und Jules um ein paar Erkenntnisse reicher und hatten für den nächsten Tag eine weitere Verabredung mit Frère.

»Wir kommen wieder gegen Abend«, meinte Jules.

»Ich denke, den Tag über werden wir mit den Pferden beschäftigt sein. Ist Ihnen das recht?«

Pathé Frère nickte. »Falls ich Kunden habe, müssen Sie eben ein wenig warten.«

Auch Ada stimmte zu, allerdings mit etwas schlechtem Gewissen. Das Treffen bei Frère bedeutete, den Einzug in Effies Konvent noch einen Tag zu verschieben. Wie gut, daß sie der Schwester keine genaue Ankunftszeit genannt hatte!

Am nächsten Morgen holte Jules Ada ab. Trotz ihrer Proteste führte er sie zum Frühstück in ein Café, bevor sie zu den Docks gingen: »Sie haben selbst gesagt, wir hätten noch Zeit. Und auf leeren Magen sollten wir uns den Marsch zu den Schlachthöfen wirklich nicht antun!«

Die An- und Abfahrtszeiten der Schlachtpferdetransporte waren Ada inzwischen gut bekannt. Sie wußte, daß die Händler Nachtfahrten bevorzugten – unter anderem, damit die Arbeitszeiten der Schlachter in Belgien voll genutzt werden konnten. Außerdem warf die beginnende Nacht auch ihren Schatten über die Verladepraxis. Im Halbdunkel konnten die Tierschutzinspektoren nicht genau erkennen, wie krank und abgemagert die Pferde waren, die sich hier noch mit letzter Kraft an Bord schleppten, und ob das alte Stroh und stinkende Heu in den Frachträumen den Bestimmungen über Füttern und Tränken auf See gerecht wurde.

Die Ankunft der Pferde vollzog sich genauso wie bei Adas früheren Besuchen: Blutige, erschöpfte Jammergestalten fielen auf der Rampe, stolperten mühsam über das Pflaster und mußten vorwärts gepeitscht werden, damit sie überhaupt noch die Kraft zu ein paar Schritten aufbrachten. Ada ertappte sich bei dem Wunsch, sich hinter Jules breitem Rücken zu verstecken und einfach nicht hinzusehen, aber gerade das dürfte nie geschehen. Zu ihrer Verblüffung und stillen Befriedigung reagierte Jules ganz ähnlich auf die Prozession der Pferde, wie Ada beim ersten Mal. Auch er verharrte zunächst vor Entsetzen und folgte den Tieren dann ganz automatisch.

»Der kleine Schimmel da vorn ... er hat mich angesehen ... ich habe gemeint, es sei Beauregard ...«

So begleiteten Ada und Jules den letzten Weg der Pferde. Aber diesmal öffneten ihnen Jules' Papiere den Zugang zum Schlachthof. Sprachlos vor Entsetzen stand Ada vor den Schlachträumen, sah die Pferde mit schreckgeweiteten Augen vor der Axt des Schlachters zurückweichen, erblickte hölzerne Hämmer, die auf ihre Schläfen zielten und die Nasenbeine zerschmetterten, sah Jules kleinen Schimmel zuckend verenden. Sie griff nach Jules Hand, hielt sich an ihm fest, während sie über Blutlachen und Eingeweide hinwegstiegen. Dies war schlimmer als alles, was Ada je auf Viehmärkten gesehen hatte. Auch dort hatte es Schlachtungen gegeben, sie selbst hatte oft auf Nottötungen von Tieren bestanden und sie auch überwacht. Aber dies hier war ein Abschlachten von Lebewesen im Akkord. Natürlich, morgen kamen neue Pferde. Und wenn man diese hier nicht gleich verarbeitete, mußte man sie noch eine Nacht unterbringen und füttern. Die Pferde beobachteten das Sterben ihrer Leidensgenossen in stummer Agonie. Nur wenige hatten noch genug Kraft und Lebenswillen, um vor dem Blut und Gestank nach Tod und gerade ausgenommenen Kadavern zu scheuen. Lediglich vor dem Hieb des Metzgers in ihr Gesicht schreckten sie instinktiv zurück und verlängerten so ihre eigene Qual.

»Warum benutzen sie keine Bolzenschußapparate ...« flüsterte Ada. Die einfach einsetzbaren und schnell wirksamen Tötungsapparate waren in England längst allgemein gebräuchlich.

»Wegen des weißen Fleisches ...« erinnerte Jules. »Ein gut gezielter Bolzenschuß tötet ...«

Beide fühlten sich sterbenselend, als sie den Schlachthof schließlich verließen.

»Morgen noch einmal?« fragte Jules.

Ada nickte. »Wie soll ich die anderen Menschen zwingen, hinzusehen, wenn ich das selbst schon nicht schaffe.«

Sie nahmen eine Droschke zurück in die Stadt und ließen sie vor Jean Pathé Frères Atelier halten. Der Photograph warf ihnen einen forschenden Blick zu und holte dann eine Cognakflasche.

»Ich glaube, das brauchen Sie jetzt!« Adas Protesten zum Trotz füllte er zwei Wassergläser mindestens drei Finger hoch mit der Flüssigkeit.

»Aber ich ... werde betrunken sein ...«, murmelte Ada, und nahm nichtsdestotrotz einen Schluck. Das Getränk war scharf und ließ sie husten, aber es schien innerlich zu wärmen.

»Das macht nichts«, meinte Frère unbekümmert. »Wir werden Ihren Zustand nicht ausnutzen!«

Ada schaute so verblüfft, daß Jules lachen mußte.

»Jetzt sehen Sie sich erst mal Ihr Portrait an!« Frère schob Ada eine ordentlich gerahmte Photographie herüber.

Ada betrachtete sie mit einer Mischung aus Faszination und Verwunderung. »Aber das bin ich nicht!« sagte sie schließlich.

Das Bild hüllte ihre Gestalt in weiches Licht. Ihr Gesicht wirkte schmaler, und dadurch, daß ihr Knoten sich gelockert hatte, war es von einem Kranz feiner Härchen umspielt. Ihre Haltung schien gelöst, um ihr Gesicht spielte der Anflug eines Lächelns. Sie blickte, als schaue sie in die Augen eines Geliebten ...

»Das bin ich nicht!« beharrte Ada. »Oder sehen Sie mich etwa so?«

Frère zuckte die Achseln. »Es ist eine der Möglichkeiten, Sie zu sehen. Ich hätte auch die Kämpferin in Ihnen abbilden können oder die Nonne ...«

Ada machte eine abwehrende Handbewegung.

»Verzeihung, die sich aufopfernde Gemeindeschwester. Aber gestern fand ich es reizvoll, Sie so abzubilden, wie er Sie sieht ...«

Frère zeigte auf Ruhl, und es wäre schwer zu sagen gewesen, wer daraufhin schneller errötete – Ada oder Jules. Schließlich unterbrach Jules das sekundenlange, fast greifbare Schweigen.

»Nun hören Sie auf mit diesem Unsinn, Jean. Wenn Sie sich so viel darauf einbilden, Menschen beeinflussen zu können, dann machen Sie lieber die europäische Öffentlichkeit auf die Schlachtpferdetransporte aufmerksam.«

Ada nickte. »Sie haben mich zum Lächeln gebracht, obwohl mir weiß Gott nicht danach war. Jetzt bringen Sie die Leute gefälligst zum Handeln!«

Zunächst brachte Frère Ada und Jules dazu, ihre Photoplatten zu belichten. Am Ende des Abends machten sie ein paar Bilder im Atelier und wechselten anschließend die Platten. Frère versprach, die Bilder am nächsten Tag zu entwickeln und die Erfolge oder Mißerfolge mit ihnen zu besprechen, aber Ada und Jules wollten die Kamera unbedingt schon mit zu den

Docks nehmen. Was das Filmen der Schlachtpferdetransporte anging, war Frère noch unentschlossen.

»Ich würde euch liebend gern helfen, aber ihr müßt verstehen, warum ich mich etwas fürchte. Ich habe von Übergriffen der Pferdehändler und ihrer Helfershelfer auf Photographen gehört, und so weit ich weiß, ist dabei mehr als eine Kamera zu Schaden gekommen. Meine Filmausrüstung hat meine ganzen Ersparnisse aufgebraucht. Wenn sie kaputt ginge, könnte ich mir nie wieder eine kaufen – und den Pferden wäre auch nicht geholfen.«

»Wir probieren es zunächst mit der Kamera«, entschied Jules.

Auf dem Heimweg zu Adas Pension schlug er ihr vor, etwas essen zu gehen, aber sie lehnte ab. Auch Jules war nicht hungrig. Beide hatten es aber auch nicht eilig, sich zu trennen. So nahm Jules keine Droschke, sondern begleitete Ada zu Fuß durch einen mondhellen Sommerabend zu ihrer Pension. Er küßte ihre Hand, als sie sich trennten.

Am nächsten Morgen bauten Ada und Jules die Photoausrüstung am Kai auf, während das Transportschiff anlegte. Die Arbeiter an den Docks beobachteten sie mißtrauisch, schritten aber nicht ein. Vielleicht liebten sie den Anblick der halbtoten Pferde auch nicht sonderlich. Erst als die Metzgergehilfen und Treiber mit dem Entladen der Tiere begannen, gab es Schwierigkeiten. Kaum daß Ada ihr erstes Bild belichtet hatte, kam auch schon ein vierschrötiger Kerl auf sie zu und hielt die Hand vor die Linse der Kamera.

»Das lassen Sie mal schön, Madame! Die Bilder will sowieso keiner sehen.«

»Welche Bilder ich mache, müssen Sie schon mir überlassen!« sagte Ada streng. »Gehen Sie mir sofort aus dem Weg!«

»Da irren Sie sich. Dies sind meine Pferde, und ich bestimme, wer sie photographiert!« Der Mann schob Ada beiseite und machte Anstalten, die Kamera abzubauen. Doch jetzt schob sich Jules kräftige Gestalt zwischen ihn und Ada – damit aber leider auch zwischen die Kamera und die Pferde.

»Dies ist ein öffentlicher Ort, und die Dame hat jedes Recht hier zu sein. So weit ich weiß verbietet kein Gesetz das Photographieren am Kai von Antwerpen!«

»So? Dann werden Sie mal sehen, wie schnell ich hier so ein Gesetz erlasse!« Der Pferdehändler rangelte mit Jules, und Ada nutzte die Gelegenheit, ihre Kamera ein wenig zu verschieben und eine weitere Platte zu belichten. Nebenbei registrierte sie die Wirkung ihrer Aktion. Alle Augen waren auf Jules und den Pferdehändler gerichtet. Nur die unmittelbar mit dem Entladen und Treiben der Pferde beschäftigten Arbeiter konzentrierten sich auf ihre blutige Arbeit. Das wäre die Chance für Frère und seine Filmkamera ... In Ada reifte ein Plan.

»Kommen Sie, Jules, wir sollten das hier aufgeben!«

Verblüfft wandte Jules sich um, als sie ihn von hinten anstieß. Er stritt inzwischen mit zwei Männern, dem Händler und einem Abdecker, und die Drohungen wurden immer handfester.

»Sie sehen doch, die Herren sind vernünftigen Argumenten nicht zugänglich, und vielleicht haben sie ja recht. Geben wir nach, Jules!« Ada lächelte harmlos in die Runde. Der Pferdehändler guckte fast genauso betreten wie Jules. Etwas hartgesottener hatte er sich seine Gegner schon vorgestellt.

»Au revoir, Messieurs!« Ada zerrte Jules weg und nötigte ihn, ihr beim Verpacken der Kamera zu helfen. Um sie herum wand sich der Zug der mageren, lahmenden, blutenden Pferde.

»Was sollte das denn?« fragte Jules ärgerlich. »Ich halte Ihnen die Kerle vom Leib, aber statt daß Sie photographieren ...«

»Das hätte keinen Sinn gemacht, Jules! Der nächste Kerl hatte mich schon im Visier. Ich hätte höchstens noch eine Platte belichten können – drei habe ich übrigens. Aber das Prinzip ist richtig. Einer lenkt ab, der andere bildet ab. So kriegen wir sie! Sehen Sie, Monsieur Frère könnte von dort drüben filmen!«

Jules Gesicht verzog sich zu einem Lächeln. »Sie sind gerissen, Ada!« sagte er bewundernd.

Sie blickte zu ihm auf, zwinkerte ihm zu und sah sich wieder so in seinen Augen, wie sie sich fühlte. Wunderbar jung, stark und klug – gemeinsam würden sie das hier beenden!

Adas Fotos waren nicht besonders gelungen. Jean Pathé Frère hielt ihr ausführliche Vorträge über längere oder kürzere Belichtungszeiten, den richtigen Abstand zum Objekt und den grundlegenden Fehler, Lebewesen ohne Köpfe abzubilden. Ihren Einfall, die Händler zu überlisten und heimlich zu filmen, nahm er jedoch begeistert auf.

In den nächsten Tagen bauten Ada und Jules ihre Kamera an den Docks auf und an der Straße zum Schlachthof, ja, sie verschafften sich mit Jules Ausweisen sogar Eingang zum Schlachthaus und versuchten dort zu photographieren. In der Regel waren sie sofort von Pferdehändlern, Schlachtern und Metzgergehilfen umringt und mußten sich mit Drohungen und sogar körperlicher Gewalt auseinandersetzen. Einmal flüchteten sie mit geknicktem Stativ, ein anderes Mal landete Adas Hut in einem Becken des Antwerpener Hafens.

»Macht nichts, meine Liebe, er kleidete Sie ohnehin nicht angemessen!« lächelte Jules und bestand darauf, ihr einen neuen zu kaufen. Sie entschieden sich für ein schlichtes, aber elegantes Pariser Modell, das zu ihrem blauen Rock paßte und unter dem sie sich gleich zehn Jahre jünger und ein bißchen frivol fühlte.

Während Ada und Jules sich mit den Pferdeschindern herumstritten, filmte Pathé Frère. Am Anfang hielt er sich sorgsam hinter Kisten und Seilwinden an den Docks, Hausecken oder Bäumen am Rand der Straße verborgen. Aber als er vom Zug der Pferde genügend Bilder hatte, wurde er mutiger und wagte sich näher an die Schiffe und die Wagen der Abdecker heran. Schließlich ging er sogar mit auf den Schlachthof und filmte die Tötung eines großen, abgemagerten Shire-Horses, bevor man ihn entdeckte und gemeinsam mit Ada und Jules vor die Tür setzte. Angesichts des Elends der Pferde vergaß er, um seine Kamera zu fürchten.

An den Tagen, wo keine Schlachtpferdetransporte ankamen, erkundeten Jules und Ada Antwerpen. Zwar hatte Ada zunächst Einwände gegen diese entspannenden Spaziergänge. Sie kannte die Stadt schließlich gut und hätte nützlichere Beschäftigungen vorgezogen. Doch dann ließ sie sich von Jules überzeugen. Die Stunden in den Schlachthäusern waren anstrengend genug. Niemand konnte ihnen verargen, zwischendurch etwas auszuspannen.

Adas Ausflüge mit Effie bei ihrem ersten Antwerpen-

Besuch hatten sich weitgehend auf Museen, Kirchen und Gemäldegalerien beschränkt. Zwangloses Flanieren durch die Stadt empfand die Schwester als Zeitverschwendung. Mit Jules dagegen streifte Ada ziellos durch die Altstadt, besuchte Straßencafés und ließ sich sogar dazu hinreißen, belgisches Bier zu probieren. Die beiden wanderten durch das Viertel der Diamantenhändler und betrachteten die Auslagen der Schmuckgeschäfte.

»Dieser Haarschmuck hier würde Ihnen gut stehen!« lächelte Jules und zeigte auf ein prächtiges, diamanten- und rubingeschmücktes Diadem. »Gerade jetzt, wo Sie Ihr Haar nicht mehr ganz so streng nach hinten kämmen. Die leichte Welle steht Ihnen erheblich besser!«

Ada errötete. Also hatte er doch gemerkt, daß sie ihr Haar neuerdings nachts auf Wickler drehte und dann erst zurückkämmte. Auf diese Art wirkte es weicher und lockerer.

»Ach, hören Sie auf, ich brauche keine Diamanten! Eine alte Frau wie ich. Beim Kronjubiläum der Königin Victoria habe ich eine Maharani aus Indien gesehen – der stand so etwas. Aber doch nicht mir!«

»Darüber kann man geteilter Meinung sein. Ihre Königin trug den Kohinoor auch bis ins hohe Alter. Aber im Ernst, Ada, was täten Sie, wenn Sie all diese Diamanten hätten?« Jules sah sie lächelnd an.

Ada überlegte. »Nun, ich würde sie natürlich verkaufen! Zunächst würde ich so viele Parlamentarier bestechen, daß der Pferdehandel ganz schnell verboten wird. Und dann ... mein altes Viertel in St. Georges bräuchte dringend Elektrizität und eine anständige Kanalisation. Vielleicht würde ich dazu noch ein Krankenhaus einrichten – ja, eine Spezialklinik für Frauen und Kinder, mit Ausbildungsbereichen, in denen Hygiene und Kinderpflege unterrichtet würden. Eine wundervolle Idee wäre auch eine Tierklinik! Viele der Pferde an den Docks wären vielleicht nicht hier, hätte man den Besitzern kostenlose Gesundheitsversorgung für sie angeboten ...« Ada berauschte sich an ihren Luftschlössern.

»Halt, halt, Ada!« Lachend unterbrach Jules ihren Redefluß. »Sie reformieren ja Ihr ganzes Sozialwesen! Haben Sie denn nichts, was Sie sich für sich wünschen?«

»Für mich?« Ada runzelte die Stirn.

»Ja, für sich, für sich persönlich! Haben Sie keine Träume? Von Reisen, Luxusvillen? Andere Frauen wären vermutlich schon in Timbuktu, wenn man ihnen diese Diamanten angeboten hätte!«

Adas Miene verdüsterte sich. »Ich bin nicht wie andere Frauen«, sagte sie kurz.

Aber dann fiel ihr das Fohlen wieder ein und die Weiden auf Dunborne Manor.

»Hm ... vielleicht habe ich doch einen Wunsch. Ich hätte gern einen Hof, auf dem ich Pferde halten könnte. Keine Prachtgespanne, wissen Sie, auch keine Zuchtstuten. Nur alte Pferde, solche wie hier an den Docks. Der Hof müßte große, helle Ställe haben – und Weiden mit Apfelbäumen. Ich würde Leute aus St. Georges anheuern, um die Pferde zu pflegen – da sind so viele arbeitslos, und wer mit Kanarienvögeln fertig wird, sollte sich eigentlich auch an Pferde gewöhnen können. Ich selbst hätte eine kleine Wohnung auf dem Hof und könnte auf den Weiden spazieren gehen. Die Pferde würden auf mich zukommen, und ich könnte sie mit Äpfeln füttern ... So würde ich gerne leben.«

Jules betrachtete Ada und sah wieder den Ausdruck in ihrem Gesicht, den er schon von Fréres Foto kannte.

»Da möchte ich auch wohnen ...«, sagte er sanft.

Die entspannten Stunden mit Jules wechselten ab mit bedrückenden Besuchen an den Docks. Aber schließlich lud Jean Pathé Frère Ada und Jules ein, sich das Ergebnis ihrer gemeinsamen Bemühungen anzusehen. Ada trug ihren neuen Hut, und Jean pfiff bewundernd durch die Zähne.

»So müßte ich Sie eigentlich noch mal photographieren, Madame!« Im Atelier stellten Ada und Jules verwundert fest, daß sie nicht die einzigen Gäste waren. Ein junger Mann mit freundlichen Zügen und wachen Augen saß bereits am Tisch und blätterte in Adas Fotos.

Pathé stellte ihn rasch vor. »Kurt Peiser, ein Freund von mir. Wenn auch hoffnungslos im Gestern steckengeblieben. Kurt photographiert nicht. Kurt zeichnet.« Letzteres klang, als gäbe sich Monsieur Peiser da einer äußerst verwerflichen Tätigkeit hin.

Der junge Mann nahm es aber offensichtlich nicht übel, sondern lächelte.

»Solange eure Kunst solche Bilder hervorbringt, wie dies hier, verlasse ich mich doch lieber auf meinen Zeichenstift!« Kurt Peiser wies auf eines von Adas ersten Photos, das gemeinsam mit den gelungeneren Exemplaren auf dem Tisch lag. Es war zugegebenermaßen nicht sehr aussagekräftig, sondern zeigte nur die Beine eines knochigen Schimmels. Dazu war es unscharf.

»Da habe ich noch geübt!« ereiferte sich Ada. Sie war sehr stolz darauf, daß ihre Bilder in den letzten Tagen immer besser wurden. Sie hatte gelernt, die Kamera trotz des Wirrwarrs um sie herum geschickt zu bedienen.

»Nehmen Sie es ihm nicht übel, Ada. Er glaubt einfach nicht an die Zukunft! Und dabei muß er heute schon so oft nach Photographien zeichnen!« Pathé grinste und beschäftigte sich weiter damit, eine Leinwand aufzuhängen. »Die Zeitungen schicken keine Zeichner mehr an den Ort des Geschehens, sondern gleich einen Photographen!«

»Ja«, ließ sich Peiser vernehmen, »und ich halte das für einen großen Fehler! Kein Photograph kann sich schließlich ungesehen nähern, eure riesige Ausrüstung warnt jeden, der etwas Verbotenes tut. Als Zeichner habe ich dagegen schon Taschendiebe bei der Arbeit beobachtet, Hundekämpfe abgebildet ... Man bewegt sich einfach ungesehen unter den Motiven! Mein Gott, diese Photographien sind ja gräßlich! Wo haben Sie diese armen Kreaturen abgelichtet, Madame?«

Zunächst wollte Ada bei der Schmähung ihrer Bilder aufbrausen, aber dann begriff sie den Bezug auf die Motive. Sie beschrieb Kurt Peiser ihre Aktionen an den Docks.

Peiser grinste. »Raffiniert! Aber da sehen Sie, was ich eben meinte. Als Zeichner hätte ich keine Probleme, nah genug heranzukommen.«

»Eben deshalb habe ich dich eingeladen, Kurt. Sieh dir diesen Film an, und dann stell dich in den Dienst der guten Sache. Ada und Jules werden nicht immer hier sein, und es wird dringend jemand gebraucht, der die Entwicklung weiterhin dokumentiert!« Frère hatte inzwischen den Filmvorführapparat aufgebaut und verdunkelte den Raum.

Der Film war ergreifend. Ada hatte all das mit eigenen Augen gesehen, aber Frères bewegliche Bilder brachten auch sie noch einmal zum Weinen. Während Ada und Jules einfach in das Geschehen hinein photographiert hatten, erfaßte Frères Kamera das Wesentliche: Die Verwirrung der Pferde beim Verlassen des Schiffes, die Peitschen der Treiber. Ein fallendes Pferd, das sein

Maul aufriß, als wolle es schreien, die Seilwinde des Abdeckers. Die gesenkten Köpfe der Pferde beim Zug durch die Straßen, die geschlossenen Vorhänge vor den Fenstern der Häuser. Der Blick eines Pferdes auf seinen Peiniger, während der die Seilwinde betätigte, schließlich der schreckliche Tod des Shires.

Als der Film endete, blieben die Zuschauer minutenlang still. »Das ist furchtbar!« flüsterte Peiser schließlich. »Dem müssen wir ein Ende machen!«

Die Filmvorführung bei Jean wurde zum Beginn einer langen Zusammenarbeit. In den nächsten Jahren sollte Kurt Peiser das Leiden der Pferde auf den Transporten und in den Schlachthöfen dokumentieren. Verkleidet als Dockarbeiter oder Metzgergehilfe würde er überall Zugang finden und die Bilder in seinem Kopf schärfer bleiben als jede Photographie, bis er sie auf den Zeichenblock übertrug.

Ada und Jules besuchten ein letztes Mal die Docks – und stellten überrascht fest, daß sich hier etwas verändert hatte. Zum ersten Mal lagen Heuballen am Kai, und die Dockarbeiter schleppten Eimer mit Wasser heran. Auch diesmal stolperten die Pferde auf der Rampe, aber wenn sie festen Boden unter den Hufen gewonnen hatten, wurden sie nicht gleich weiter getrieben, sondern konnten trinken und Heu knabbern. Die Tiere stürzten sich auf das Wasser. Auch zum Fressen waren viele noch nicht zu schwach.

Ada wurde warm vor Freude, und unversehens fand ihre Hand wieder in Jules.

»Wir haben etwas erreicht, Jules! Das ist der erste kleine Fortschritt!«

Jules nickte ergriffen. »Und wir werden noch mehr erreichen! Wir werden das stoppen, Ada! Ich verspreche Ihnen, wir werden das stoppen!«

Am Abend begleitete er sie zum Konvent der ›Little Sisters‹.

»Freuen Sie sich auf Ihre Schwester, Ada?«

Ada nickte. »Natürlich. Obwohl sie mir Vorwürfe machen wird. Ich hätte wirklich keine ganze Woche in der Pension wohnen dürfen! Effies Nonnen werden auch darüber tuscheln, wie oft ich in dieser Zeit mit einem Herrn zusammen war!« Sie lächelte Jules zu.

»So werden Sie ihnen das erzählen?« fragte er schmunzelnd. »Ich dachte, Sie sehnten sich nach ein paar Geheimnissen.«

»Jules, in Antwerpen geschieht nichts ohne Wissen der ›Little Sisters‹! Effie hat überall ihre Augen und Ohren, glauben Sie mir das!« Ada lachte. »Außerdem wird ihr mein Hut nicht gefallen!«

»Warum nicht, der steht Ihnen doch so gut. Tragen Sie ihn weiter, Ada! Und geben Sie sich niemals auf! Versprechen Sie mir das?« Jules faßte Adas Arme und sah ihr in die Augen.

In seinem Blick erkannte sie das Mädchen auf dem Pony, die gewandte Kämpferin für die Tiere und ... die Frau auf Frères Foto. Seine Hände lagen auf ihren Schultern, und zum ersten Mal hatte sie das Bedürfnis, sich in die Arme eines Mannes zu schmiegen. Sie hob ihm den Kopf entgegen und verlor doch im letzten Moment den Mut.

»Das bin ich nicht ...«, sagte sie leise.

»Doch, das bist du.« Jules nahm Adas Hände in seine und küßte sie zum zweiten Mal seit sie sich kannten, diesmal sehr zärtlich und sanft.

»Wir ... schreiben uns, Monsieur Ruhl.« Ada entzog ihm ihre Hände zunächst zögernd. Aber dann ließ sie sie entschlossen unter ihrem Umhang verschwinden.

»Auf weiterhin gute Zusammenarbeit, Miss Cole!«

Erste Erfolge

Zurück in Cley erwartete Ada wieder die zähe Arbeit am Schreibtisch. Das gewonnene Informationsmaterial – Fotos, Zeichnungen und allem voran der Film – mußte den Menschen nahegebracht werden. Der Platz in Adas kleinem Haus reichte längst nicht mehr aus, um Flugblätter und Plakate, Schreibmaschinen und die immer häufiger anwesenden Helfer aufzunehmen. Adas unermüdlicher Einsatz, ihre Vorträge und Zeitungsartikel begannen, die Menschen zu erreichen. Viele, auch junge Leute, wollten nun helfen. In der eigenen Familie unterstützten vor allem Violet, Williams Tochter, und Adas Halbschwester Daisy den Kampf für die Pferde. Daisy hielt immer ein Gästezimmer für Ada bereit, das sie nutzen konnte, wenn sie in London zu tun hatte.

Schließlich fand Ada ein größeres Haus mit Platz für Büroräume. ›Hill Top‹ war schön gelegen, aber wie sein Name schon sagte, lag es oberhalb des Dorfes und war nur über einen steilen, sich windenden Weg zu erreichen. Ada war oft außer Atem, wenn sie oben ankam. Auch jetzt war ihre Gesundheit nicht die beste.

1912 reiste Ada ein weiteres Mal nach Belgien. Jules und sie hatten inzwischen eine rege Korrespondenz mit Tierschutzorganisationen in verschiedenen europäischen Ländern aufgenommen und bemühten sich um die Unterstützung der britischen Konsulate in belgischen Häfen. Allgemein bestand die Tendenz, die Berichte der beiden als »Einzelfälle« abzutun, und nun lud Jules Ada ein, in anderen belgischen Städten, in den Niederlanden und Frankreich weitere Fakten zusammenzutragen.

Im Gegensatz zu ihrem ersten Treffen in Antwerpen, das von Aufbruchstimmung, Sommer und Hoffnung bestimmt gewesen war, gestaltete sich die neue Reise niederschmetternd und ermüdend. Allen Anfangserfolgen zum Trotz war die Reaktion der Öffentlichkeit auf ihre Berichte und Bilder erschreckend träge verlaufen. Natürlich waren die Menschen schockiert, aber sie vergaßen auch schnell. Der erhoffte Aufschrei und Sturm auf die Parlamente blieb aus. Jules und Adas Kampf konnte nicht in einer glorreichen Schlacht entschieden werden, sondern forderte zähe Scharmützel. In diesem Herbst gehörten dazu vor allem die ständigen Inspektionen von Schlachthöfen zwischen Paris und Antwerpen.

Ada wohnte in Effies Konvent und Jules reiste aus Brüssel an, wann immer er sich einen ganzen oder auch nur einen halben Tag Zeit nehmen konnte. Dann folgten die beiden den Pferdetransporten – oft bei eisiger Kälte und in strömendem Regen. Ada begann wieder zu husten, aber sie kümmerte sich nicht darum. Die Leiden der erschöpften, sterbenden Pferde wogen für sie schwerer als ihre gesundheitlichen Probleme, und so tat sie den Husten als ›Erkältung‹ ab. Jules glaubte das ohne weiteres, doch Effie nahm es nicht so leicht. Die Schwester war eine erfahrene Krankenpflegerin und hätte Ada am liebsten ins Bett geschickt. Aber immerhin hatte sie ihren Widerstand gegen den Einsatz für die Pferde aufgegeben. Die Nonnen hatten Frères Film gesehen, und nun herrschte bei den ›Little Sisters‹ die einhellige Ansicht, dieser Umgang mit Tieren könne nicht gottgewollt sein. Einige jüngere Schwestern bestürmten ihre Oberin sogar, sich an Adas Kampf beteiligen zu dürfen, aber so weit ging Effies Unterstützung nicht.

Jules hatte Gesetzestexte gewälzt und war entschlossen, in den Schlachthäusern zumindest die wenigen bestehenden Tierschutzbestimmungen durchzusetzen. In seiner Rolle als Vorsitzender des Belgischen Tierschutzes betätigte er sich als Inspektor und verschaffte auch Ada entsprechende Papiere. Einzeln oder gemeinsam verschafften die beiden sich Zutritt zu den Schlachthäusern und kämpften zäh für den Einsatz von Bolzenschußgeräten und Nottötungen völlig erschöpfter, nicht mehr transportfähiger Pferde. Mitunter ließ sich das nur mit Hilfe der Polizei durchsetzen, aber immerhin waren die herbeigerufenen Beamten meist so erschrocken über die Zustände in den Schlachthöfen, daß ihr Einsatz drastisch ausfiel. Ada selbst hatte längst gelernt, auch die schlimmsten Eindrücke emotionslos hinzunehmen.

»Dies war das Beste, was ich heute gesehen habe!« sagte sie, nachdem ein Polizeisergeant die rasche Nottötung eines Pferdes durchgesetzt hatte. Ada hatte das Tier mit gebrochenen Beinen auf einem der Schlachterkarren gefunden. Ein Schlachter war gerade dabei, ihm Ketten um die Fesseln zu winden, um es auf den Schlachthof zu zerren. Zum Glück war der Polizist in der Nähe gewesen. Der entsetzte Beamte drohte, das Pferd mit seiner Dienstwaffe von seinen Leiden zu erlösen, wenn nicht direkt ein Bolzenschußgerät angesetzt würde. Erstaunlicherweise fand sich dann sofort ein solches. Einen Tag vorher hatten die Metzger Ada erklärt, nie etwas davon gehört zu haben ...

Der Polizist betrachtete die kleine, zarte Frau, die sich hier so selbstverständlich und ohne Tränen zwischen all dem Blut, dem Gestank und den sterbenden Pferden bewegte, mit Verwunderung.

»Was treibt Sie hierher, Madame?« fragte er schließlich. »Dies ist kein Aufenthaltsort für eine Frau ...«

»Schon möglich«, antwortete Ada grimmig. »Aber ohne mich hätte sich der arme Gaul jetzt weiter quälen müssen. Oder wollen Sie sich demnächst um die Einhaltung der Tierschutzvorschriften in diesem Schlachthof kümmern?«

Am nächsten Tag traf sie den Polizisten in den Schlachträumen. Bei ihrem Anblick salutierte er grinsend. »Melde gehorsamst, Madame: Drei Kurzinspektionen im Rahmen meiner Streifengänge, fünf Nottötungen mit dem Bolzenschußgerät.«

Ada lächelte und nickte. Zumindest um diesen Schlachthof brauchte sie sich nicht mehr regelmäßig zu kümmern.

Adas Fähigkeiten als Photographin waren inzwischen erheblich gewachsen. Auf Frères Rat hin hatte sie die schwere Reisekamera mit einer kleinen Brownie vertauscht. Diese Reporterkamera arbeitete bereits mit Rollfilmen und konnte sehr unauffällig zum Einsatz kommen. Ada dokumentierte damit die Zustände in den Schlachthöfen und an den Docks, und diesmal war an der Qualität ihrer Photos nichts zu bemängeln. Die bessere Bildqualität und die verstärkte Verbreitung der Bilder schürten aber auch den Haß der Pferdeschinder auf die Photographin. Eines Tages wurde sie hart attackiert, ins Gesicht geschlagen und zu Boden geworfen, als sie allein an den Docks photographierte. Sie schlug gegen ein eisernes Geländer und befürchtete sekundenlang, ins Wasser geworfen oder von den erschrockenen Pferden niedergetrampelt zu werden. Erst als die Tiere vorbei waren und der Kai sich geleert hatte, rappelte sie sich langsam auf. Ein junger Dockarbeiter half ihr und reichte ihr die Kamera.

»Hier, Madame, die habe ich in Sicherheit gebracht. Es tut mir leid, was meine Kollegen gemacht haben.«

»Meinetwegen braucht es Ihnen nicht leid zu tun!« brummte Ada und rückte ihren Hut zurecht. »Aber um der Pferde willen sollten Sie sich schämen!«

»Die tun mir auch leid. Aber ich brauche den Job. Wir entladen ja nicht nur Pferde, sondern auch andere Waren. Dies mit den Pferden ist ... ekelerregend, aber was kann ich tun?«

Ada blitzte ihn kampflustig an. »Was Sie tun können? Eine Menge! Sorgen Sie dafür, daß genug Wasser da ist. Heute waren es nur zehn Eimer für über hundert Pferde, ich habe mitgezählt! Das ist ein Skandal! Unterhalten Sie sich mit den Streifenpolizisten in dieser Gegend. Finden Sie heraus, wer von denen ein Herz für Pferde hat, und bitten Sie ihn, hier vorbei zu kommen, wenn die Tiere ausgeladen werden. Er kann Nottötungen durchsetzen und damit die ärgsten Auswüchse verhindern. Jeder kann etwas tun, junger Mann! Diese Ausreden will ich nicht mehr hören!«

Ada rauschte davon und ließ einen sehr verblüfften Dockarbeiter zurück. Am nächsten Tag sah sie ihn Wasser schleppen, bevor das Transportschiff eintraf.

Nach dem Vorfall mit den Schlägern wagte Ada sich nicht mehr allein an die Anlegestellen der Schiffe. Sie suchte die Unterstützung von Kurt Peiser oder Jean Pathé Frère, beide inzwischen erfahrene Kämpfer für die gemeinsame Sache. Oft war es aber auch eine ›Little Sister‹, die – scheinbar auf dem Weg zu einer Pflegestelle – neben ihr herging. Ada erfuhr nie, ob Effie die Unterstützung durch die Nonnen angeordnet hatte, ob sie sie einfach duldete oder gar nichts davon wußte. Direkt darauf angesprochen hätte sie wahrscheinlich letzteres behauptet.

Erschöpft und krank kehrte Ada Anfang Dezember nach Cley zurück. William und Violet rieten ihr zur Ruhe, aber davon wollte sie nichts wissen. Der Winter war die Zeit für Vorträge und Treffen der verschiedenen Tierschutzverbände. Außerdem arbeitete Ada an einem Kapitel über Schlachtpferdetransporte für ein aufklärendes Buch über die Leiden der Tiere. Kurt Peisers Zeichnungen illustrierten ihren Beitrag zu ›The Unterdog‹.

Die Nachbarn in Cley beobachteten Adas Engagement mit gemischten Gefühlen.

»Miss Cole hat nur Tiere im Kopf!« war noch die harmloseste Äußerung über die emsige ältere Dame in Hill Top. Der Metzger hielt sie für verrückt, weil sie vegetarisch lebte, und die Landwirte, die froh waren, ihre alten Zugpferde bei den Pferdehändlern los zu werden, stimmten ihm zu. Ein paar Wirrköpfe behaupteten gar, die Tierschutzarbeit diene nur der Tarnung und tatsächlich betätige sich Ada als Spionin. 1913 war das politische Klima in Großbritannien wie überall in Europa aufgeheizt. Ada schenkte den Nachrichten wenig Aufmerksamkeit und nahm die Verdächtigungen ihrer Nachbarn gar nicht wahr. Aber auch sie spürte manchmal die drohende Kriegsgefahr.

Anfang 1914 sprach Ada auf einer Versammlung der ›Horses and Drivers Aid Society‹. Diese Tierschutzgruppe hatte sich zum Ziel gesetzt, alte und geschundene Pferde aufzukaufen und ihnen so den Transport nach Belgien zu ersparen. Ihre Schützlinge fanden einen behaglichen Stall bei den begüterten Mitgliedern der Vereinigung und genossen einen angenehmen Lebensabend. Ada lobte die Gruppe für ihren Einsatz und erklärte, sie freue sich für jedes gerettete Pferd.

»Aber wir müssen den Realitäten ins Gesicht sehen, meine Damen und Herren. Allein im Jahre 1912 sind 18476 Pferde an den Docks von Antwerpen angekommen. Für 1913 liegen die Zahlen noch nicht vor, aber es dürfte sich um eine ähnliche Menge handeln. Diese Zigtausende von Pferden können Sie nicht aufkaufen und durchfüttern! Letztlich führt der Weg nicht an Schlachthäusern vorbei, meine Freunde, aber es sollte ein kurzer Weg sein, und er sollte in britische Schlachthäuser führen – zu einem schnellen Tod ohne Angst und Schmerzen! Wir brauchen ein Gesetz, das die Ausfuhr unserer Pferde auf den Kontinent verbietet! Wenn die Belgier, Holländer und Franzosen britische Pferde zu ihrer Ernährung brauchen, dann sollen sie ihr Fleisch importieren, aber nicht ihre schmerzgeplagten Körper und verwundeten Seelen!«

Ada lächelte schwach, als die Menschen ihr Beifall klatschten. Sie war müde und hätte sich gern ausgeruht, aber das lag in weiter Ferne. Zunächst umringten sie die Mitglieder der Gemeinschaft mit ihren Glückwünschen und Fragen. »Wie haben Sie das nur ausgehalten, Miss Cole, diese Reise durch die Schlachthäuser?« »Glauben Sie wirklich, Pferde hätten eine Seele?« »Sie meinen das doch nicht im Ernst, daß wir die Pferde hier in England schlachten sollen? Das wäre ja widerlich!«

Ada hörte sich antworten, es wäre sehr viel widerlicher, die Pferde in fremden Ländern von mitleidslosen Schindern töten zu lassen, als zu Hause von gut ausgebildeten Schlachtern. Sie überhörte die Frage nach der Pferdeseele und erklärte zum hundertsten Mal, man könne nichts verändern, wenn man nicht hinschaue. Sie habe den Weg durch die Schlachthöfe als ihre Pflicht empfunden.

Plötzlich drängte sich eine zierliche, gut gekleidete Dame zu Ada durch und reichte ihr eine auf Büttenpapier gedruckte Visitenkarte. »Ihr Vortrag hat mich sehr beeindruckt, Miss Cole. Wie Ihre gesamte Arbeit für die Pferde. Ich bin Mrs. Lumley-Holland, und ich gebe in der nächsten Woche eine Gesellschaft. Es wäre eine Freude und eine Ehre für uns, wenn Sie kommen und zu uns sprechen würden. Viele der anwesenden Damen und Herren sind im Tierschutz engagiert, und praktisch alle haben Pferde.«

Ada warf einen Blick auf die Karte. ›J. E. Lumley-Holland, Wilton Crescent, Belgrave Square, London‹.

Die Einladung zu den Lumley-Hollands war Adas Eintrittskarte in die Welt der Reichen und Adligen. Schon an diesem ersten Nachmittag am Belgrave Square lernte sie mehrere Parlamentsmitglieder kennen, sprach mit Anwälten und Richtern, Künstlern und Ärzten. Die meisten dieser Menschen standen ihrem Anliegen positiv gegenüber. Fast alle hatten als Kinder Ponys gehabt, viele ritten nach wie vor, besaßen einen Rennstall oder hielten zumindest auf ihren Landgütern noch Fahrpferde bester Rasse. Der Gedanke, diese oder vergleichbare Tiere könnten in belgischen Schlachthäusern landen, entsetzte sie. So manche Dame mußte die Tränen unterdrücken, wenn Ada ihre Erlebnisse plastisch schilderte: »Das Pferd war ein hübsches Pony, vielleicht ein Welsh oder ein kleiner Hackney. Aber jetzt erkannte man seinen Adel nur noch an seinem edlen, trockenen Kopf und seinem zierlichen Knochenbau. Das arme Geschöpf war mager bis auf die Knochen, die Rippen und Hüftknochen standen vor, und es war überall wund und voller Mist und Schmutz. Sicher war es während des Transportes gefallen und vom Seegang auf den Holzplanken herumgeschleudert worden, oder es war auf der Rampe gestürzt, und die anderen Pferde hatten es niedergetrampelt. Jetzt konnte es nicht mehr stehen. Es war zusammengebrochen, als man die Pferde zum Tränken vor dem Weitertransport aufreihte und anband. Der Strick war zu kurz zum Liegen und so hing das Tier halb an seinem Anbinder, aber es wieherte, als ich vorbei kam! Es wieherte mich an, wie es früher sicher seinen Besitzer begrüßt hatte, und als ich zu ihm ging, schmiegte es seine Nase in meine Hand. Ich band es los und Monsieur Ruhl brachte ihm etwas Wasser. Es betrachtete uns voller Vertrauen, und ich werde nie den Ausdruck in seinen Augen vergessen, als dann die Treiber kamen, um es hochzuprügeln . . .«

Adas neues Publikum war reich an Geld und Einfluß. Viele ihrer Zuhörer standen bereits Tierschutz- oder anderen Wohltätigkeitsorganisationen vor. So lernte sie zum Beispiel den Juristen Stephen Coleridge kennen, der in der RSPCA gegen Tierversuche kämpfte und sich nun auch gegen die Schlachtpferdetransporte einsetzte, und das Parlamentsmitglied Arthur Murray. Captain Murrey hatte sich früher schon für härtere Tierschutzgesetzgebung ausgesprochen und versprach Ada seine Hilfe bei der Abfassung eines Gesetzentwurfes. Er erklärte sich gern bereit, das Gesetz im Parlament einzubringen. Der Schriftsteller John Galsworthy, bekannt durch die ›Forsythe Saga‹, widmete dem Leid der Schlachtpferde einen aufrüttelnden Artikel und erreichte damit weite Kreise der gebildeten Bevölkerung. Endlich wurde eine Gesetzesvorlage formuliert und ein Termin zu ihrer Diskussion und Verabschiedung vorgemerkt.

Im Vorfeld der entscheidenden Parlamentssitzung zog Ada noch einmal alle Register. Ihre eigenen Artikel und Berichte anderer Autoren über ihre Arbeit erschienen in namhaften Zeitungen, und mit Unterstützung der RSPCA wurde es möglich, Jean Pathé Frères Film in vielen Kinos zu zeigen. Auch den Parlamentsmitgliedern wurde er im Rahmen einer Sondervorstellung zugänglich gemacht. Dennoch konnten die Tierschützer nicht verhindern, daß rund um ihre Gesetzesvorlage hitzige Debatten begannen. Natürlich billigte kein Parlamentarier die belgische Tötungspraxis, aber die Forderung einer Ausfuhrsteuer für alte Pferde wurde nicht so einhellig bejaht. Im Rahmen der ersten und zweiten Lesung wurde der ursprüngliche Gesetzentwurf in vielen Punkten verändert und modifiziert.

Je häufiger Ada öffentlich sprach und je mehr Menschen sie für sich gewann, desto sicherer wurde sie. Ihr neues Publikum forderte ein gewandtes, damenhaftes Auftreten, und Ada erinnerte sich an ihre Erziehung zur Lady. Sie vertauschte ihre dunklen Kleider mit modischen Kostümen und veränderte endgültig ihre strenge Frisur. Pathé Frère würde das gefallen – und Jules. Ada zwang sich, nicht auf diese Weise an Jules zu denken.

Am dritten März, zwei Tage vor der dritten und letzten Lesung des ›Exportation of Horses Act‹, erschien ein Artikel von Alfred Mummings in der Times: »Wir, die wir uns rühmen, eine Nation von Reitern und Pferdefreunden zu sein, sollten uns für diese Transporte ausgedienter Pferde schämen. Das mindeste, was wir diesen mißbrauchten Kreaturen schuldig sind, ist die Annahme des Gesetzentwurfs, der am 5. März im Parlament behandelt wird!«

Sein Appell blieb nicht ungehört. Die letzte Fassung des Gesetzentwurfs beinhaltete eine Kompromißlösung, der sämtliche Abgeordnete zustimmen konnten, und unter dem Druck der Presse und der Öffentlichkeit hätte auch keiner mehr gewagt, sich gänzlich gegen eine Regelung auszusprechen. So mancher Redner würdigte Ada Coles persönliche Verdienste um die Pferde.

»Diese Lady«, sprach Arthur Murray, »hat mehr für die Pferde getan als jeder andere. Sie hat uns unwiderlegbare Beweise für die Mißstände beim Transport, an den Docks und in den Schlachthäusern geliefert. Wir müssen diesem Treiben ein Ende machen!«

Die RSPCA feierte die Verabschiedung des ›Exportation of Horses Act‹ als großen Erfolg für den Tierschutz. Von nun an durften nur noch von fünf englischen Häfen aus Pferde verschifft werden, und jedes Tier wurde daraufhin untersucht, ob es transport- und arbeitsfähig war. Pferde, auf die das nicht zutraf, sollten gleich an Ort und Stelle notgeschlachtet werden. »Der Pferdehimmel ist diesen armen Tieren damit ein Stück näher gerückt!« freute sich der Journalist Alfred Mummings.

Nur Ada blieb skeptisch. ›Transportfähig‹ und ›arbeitsfähig‹ waren schwammige Begriffe. Jeder Tierarzt oder Tierschutzinspektor würde sie unterschiedlich auslegen, und die Pferdehändler dürften sich in der nächsten Zeit auf manche der Tricks besinnen, die Ada als Marktinspektorin kennengelernt hatte. Zudem mußte man schon recht naiv sein, um anzunehmen, die ›arbeitsfähigen‹ Tiere würden auf dem Kontinent auch zur Arbeit eingesetzt. Dort ging die Industrialisierung schließlich im selben Tempo vor sich wie in England, und der Pferdebestand wurde reduziert statt vergrößert. Letztlich waren die Schlachtpferdetransporte mit dem Gesetz keineswegs gestoppt. Lediglich den schlimmsten Auswüchsen mochte Einhalt geboten werden.

Ada fühlte sich sehr einsam, während sie all die Gratulationen und Ehrungen alter und neuer Freunde und Anhänger entgegennahm. Sie wünschte sich Jules an ihrer Seite, einen Freund, der all das verstanden hätte. In Gedanken hörte sie seine sanfte dunkle Stimme: »Nun seien Sie nicht so ungeduldig, Ada! Es ist immerhin ein Schritt auf dem richtigen Weg. Auf die Dauer werden wir es vollständig beenden. Vergessen Sie nicht, was wir uns versprochen haben!«

Sehr bald nach der Verabschiedung des ›Exportation of Horses Act‹ kamen die Transporte dann tatsächlich für die nächsten vier Jahre zum Erliegen. Europa stand vor dem Ausbruch des ersten Weltkriegs.

Ein anderer Krieg

Nach all den Aufregungen um die Parlamentsdebatte und der schweren Vorbereitungszeit brauchte Ada dringend Erholung. Sie hatte sich wieder einmal überanstrengt und kämpfte mit Husten und Fieberanfällen. William lud seine Schwester ein, den Sommer bei seiner Familie in Otterbourne zu verbringen, um die Luft und die Ruhe, die freundliche Atmosphäre und die Geborgenheit in der Familie wirken zu lassen. Ada begann sich besser zu fühlen.

Jetzt, da sie die Arbeit für die Pferde unterbrochen hatte, fand sie Zeit, sich für die allgemeine politische Lage zu interessieren. Die Nachrichten alarmierten sie.

Am 28. Juni 1914 wurden der zukünftige Kaiser von Österreich-Ungarn und seine Frau in Sarajewo ermordet. Der Täter war ein fanatisierter Serbe, möglicherweise unterstützt von der Serbischen Regierung. Seinem Anschlag waren andere serbische Terrorakte vorausgegangen. Österreich-Ungarn drohte Serbien nun mit der Kriegserklärung, und das Deutsche Reich unterstützte seine Verbündeten. Hinter Serbien stand dagegen das mächtige Rußland. Auch Frankreich fühlte sich von den Deutschen bedroht und suchte die Unterstützung Großbritanniens, das ihm durch Bündnisse verpflichtet war.

Im Juli bestand kaum noch ein Zweifel darüber, daß England bald mit Deutschland im Krieg liegen würde. In den ersten Augusttagen machte Frankreich mobil und forderte die versprochene Waffenhilfe. In London versammelte sich eine Menschenmenge auf dem Trafalgar Square und in Whitehall, dem Tagungsort des Parlaments, und wartete auf die Kriegserklärung. Am 3. August verkündeten die Zeitungen es auch in den Provinzstädten: Deutschland bedrohte Belgiens Neutralität. Und Belgien hatte Großbritannien um Hilfe gebeten. Am 4. August trat England in den Krieg ein.

Ada hatte schon wochenlang um Effie gefürchtet, aber jetzt erreichte ihre Aufregung einen Höhepunkt.

»Ich fahre nach Belgien, William, ich nehme die nächste Fähre!«

William schüttelte den Kopf. »Das ist verrückt, Ada. Wahrscheinlich würdest du nicht einmal ankommen, was meinst du, was in den Häfen und auf den Bahnhöfen los ist! Und selbst wenn du Effie erreichst – wie willst du ihr helfen? Sie ist doch ziemlich sicher in ihrem Kloster.«

»Sicher? In einem fremden Land, in dem bald die Deutschen einmarschieren? Vielleicht kann ich sie bewegen, nach England zurückzukehren!« Ada warf ihre Sachen in einen Koffer.

»Das glaubst du doch selbst nicht, Ada! Für Effie ist Belgien kein fremdes Land mehr. Sie lebt da seit zwanzig Jahren. Und sie ist Vorsteherin ihres Klosters. Denkst du wirklich, sie läßt ihre Nonnen allein?«

»Ich will es jedenfalls versuchen. Sonst würde ich es mir nie verzeihen, wenn ihr etwas passierte!«

William seufzte. Dieses Argument konnte er nicht entkräften. Nun, vielleicht würden die Häfen ja gesperrt, bevor Ada Antwerpen erreichte. Aber wie er seine dickköpfige Schwester kannte, würde die im Zweifelsfall ein Flugzeug chartern …

Ada erreichte Belgien. Zwar brauchte sie einige Anläufe und viel Redegewandtheit, um die Sicherheitsbeamten und Reiseagenturen von der Dringlichkeit ihres Anliegens zu überzeugen, aber schließlich war sie im Besitz einer Schiffspassage.

Die Zustände auf den Bahnhöfen und in den Häfen waren höllisch. Alles drängte und schob, und die Atmosphäre war bestimmt von Angst und Dringlichkeit. Die Menschen stürmten die Züge und Fährschiffe, um entweder von England auf den Kontinent oder vom Kontinent zurück nach England zu kommen. Ada war völlig erschöpft und mit den Nerven am Ende, als sie die Pforte von Effies Konvent erreichte.

Effie empfing sie freudig, aber höchst verwundert. »Was machst du denn hier, Ada? Wir stehen vor dem Kriegsausbruch!«

Ada war nahe daran, sehr unfreundlich zu reagieren ...

Wie William vorausgesagt hatte, wollte Effie sie nicht nach England begleiten. »Du kannst gern hierbleiben, Ada. Wahrscheinlich wirst du sogar müssen, denn in spätestens ein paar Stunden sind die Häfen zu. Aber du kannst nicht erwarten, daß ich dich nach Hause begleite. Mein Zuhause ist hier, bei meinen Schwestern.«

Ada hatte das Gefühl, diese Debatte schon einmal geführt zu haben, aber diesmal versuchte sie nicht zu streiten. Würde sie die Kriegszeit eben bei Effie verbringen. Die Ruhe im Konvent konnte ihr nur gut tun, und in den Zeitungen stand schließlich, der Krieg könne höchstens bis Weihnachten dauern.

Zunächst schien sich der Krieg tatsächlich in atemberaubender Geschwindigkeit zu entscheiden – allerdings nicht im Sinne der Belgier und ihrer Verbündeten. Lüttich und Brüssel fielen nach kurzer Schlacht der kleinen, belgischen Armee gegen die 1. Armee der Deutschen. Antwerpen wurde dagegen zunächst gehalten. Seine hervorragenden Befestigungen prädestinierten es als vorübergehenden Regierungssitz, auch Mitglieder der Königsfamilie fanden in der Festung Steen Unterkunft. Schließlich begannen aber auch hier die Kämpfe. Die Nonnen im Konvent beteten, und Ada hörte auf den Geschützdonner, der zunächst näher kam, und dann zu einem ständigen, entnervenden Bestandteil ihres Lebens wurde. Der Verkehr in der Stadt kam zum Erliegen, weil die Menschen sich nicht mehr aus ihren Häusern wagten. Die Straßenbeleuchtung fiel aus, und wenn eine der Gemeindeschwestern das Konvent verlassen mußte, um bei ihren Schützlingen Geburtshilfe zu leisten oder andere Notfälle zu versorgen, tastete sie sich angstvoll durch dunkle Straßen.

Manchmal zeugten Brände oder Positionslichter am Himmel von den Kampfhandlungen, aber zu Straßenschlachten kam es nicht. Antwerpen kapitulierte am siebten Oktober nach nicht einmal vierzehn Tagen der Verteidigung.

Auf das Leben im Konvent hatte die Deutsche Besatzung zunächst keinen großen Einfluß. Die Schwestern widmeten sich ihren geistigen Pflichten und gingen auch weiterhin der Krankenpflege und anderen sozialen Aufgaben nach. Von Ausgangssperren und anderen Auflagen waren sie kaum betroffen, denn Effie erwirkte schnell Ausnahmegenehmigungen für die Gemeindeschwestern.

Ada hatte sich gleich zu Beginn des Krieges dem Roten Kreuz als Krankenschwester zur Verfügung gestellt. Die Organisation hatte alle verfügbaren Gebäude von der Sporthalle bis zum Konzertsaal zu Behelfshospitälern umfunktioniert, die sich schon während des Kampfes um Antwerpen mit Verwundeten füllten. Der Strom riß während des gesamten Krieges nicht ab, denn jetzt begannen die Kämpfe um Flandern. Die Deutschen hofften, sich über die Flandrische Ebene leicht nach Paris durchkämpfen zu können, aber das verhinderten die britischen und französischen Truppen. Die Region zwischen Antwerpen und Brüssel verwandelte sich in ein einziges Schlachtfeld.

Ada versorgte die Verwundeten und bildete Hilfsschwestern aus. Die Frauen der Stadt drängten sich zum Dienst in den Hospitälern, aber nicht jede erwies sich ihm gewachsen. Adas Geduld wurde wieder einmal auf harte Proben gestellt.

»Überlegen Sie sich gut, bevor Sie ohnmächtig werden!« drohte sie den jungen Damen in ihren adretten Häubchen und Schürzen vor dem ersten Besuch im Operationssaal. »Niemand wird Ihnen ein Riechfläschchen reichen, und der Chefarzt wird sich auch nicht die Mühe machen, Sie auf Händen herauszutragen!«

Die Zeitungen – sowohl die von den Deutschen zensierten als auch die illegalen Organe der Alliierten – sprachen von heldenhaften Kämpfen und Soldaten, die freudig in den Kampf ritten und gern ihr Leben gaben. Ada bezweifelte das. Aus den Berichten ihrer Patienten wußte sie nur zu gut, wie es in den Schützengräben aussah. Wer sich in Flandern freudig in ein Kavalleriegefecht stürzte, mußte schon ein kompletter Narr sein.

»Es ist grauenvoll, infernalisch ...« berichtete ein junger Offizier, der auf dem Schlachtfeld ein Bein verloren hatte. »Dieses Land eignet sich nicht für Kavalleriegefechte. In diesen Ebenen gibt es nicht mal Deckung für eine Maus, geschweige denn für ein Pferd!« Er erzählte von seinem Pferd, einem grauen Wallach. »Ich habe seinen Kopf gehalten, während er starb ... ich dachte ja, ich sterbe auch, und dann blieben wir zusammen ...« Der junge Mann wandte sich ab. »Immerhin ging es sehr schnell. Andere dagegen ... Ich habe Pferde schreien hören ...«

»Lassen Sie, ich kann es mir denken«, sagte Ada müde. Sie versuchte, den Gedanken an die Pferde zu verdrängen, aber in ihren Träumen sah sie ihr Fohlen auf dem Schlachtfeld verbluten und hörte Beauregard schreien, während Jules ihm versprach, all diesen Wahnsinn zu beenden. Seit Kriegsbeginn hatte sie keinen Kontakt mehr zu Jules Ruhl.

Die Krankenhäuser und Behelfshospitäler waren hoffnungslos überfüllt, deshalb öffneten sich inzwischen auch die Klöster und Konvente den Kranken und Verwundeten. Die Deutschen schickten verwundete Kriegsgefangene vorzugsweise in die Klöster – die geschlossenen Bereiche ließen sich leichter bewachen als die Krankenhäuser in der Stadt. Wenn sie einigermaßen kuriert und transportfähig waren, überführte man die Leute in Gefangenenlager.

Eines Tages äußerte Ada ihren Unmut darüber im Gespräch mit einer Krankenschwester aus dem nahegelegenen Hospital: »Da flicken wir diese armen Jungs zusammen, und kaum können sie sich wieder auf den Beinen halten, werden sie von den Kerlen auf Lastwagen getrieben und in Gefangenenlager gekarrt. Die Zustände dort sollen schrecklich sein, das geben sogar die Deutschen zu. Und dabei sprechen wir noch gar nicht von der Zwangsarbeit ...«

»Das muß ja nicht so sein ...« Georgette, die junge Schwester, sah sich um, bevor sie verschwörerisch weitersprach. »Wenn wir drüben so einen armen Burschen reinkriegen, denken wir uns oft etwas für ihn aus ...«

»Sie tun was?« Ada war hochinteressiert. Ihr Lieblingspatient, der beinamputierte Kavallerist, stand kurz vor der Entlassung. Es zerriß ihr das Herz, ihn an seinen Krücken in ein Lager der Deutschen zu schicken.

»Nun, wir besorgen ihnen Geld und Kleidung, geben ihnen die Adressen von Führern, die sie durch die Linien schmuggeln oder einfach von Freunden, bei denen sie eine Zeitlang Unterschlupf finden. Viele sind ja noch zu schwach zur Flucht. Manchmal finden sich auch falsche Pässe – damit schicken wir die Jungs dann ganz legal nach Holland.« Georgette zwinkerte ihr zu und lächelte, als erklärte sie ein Versteckspiel. »Sie können mitmachen, wenn Sie sich trauen!«

Ada nickte kurz entschlossen. »Ich habe da einen Patienten ...«

Drei Tage später begleitete sie den unwilligen Jungen in die Kapelle des Konvents. Sie hatte ihn vorsichtshalber nicht eingeweiht: Je weniger die betroffenen Männer und erst recht die Patienten in den Betten neben ihnen wußten, desto weniger konnten sie bei Mißlingen der Aktion oder gar aus Mißgunst verraten.

»Was soll ich hier? Es ist kalt, und ich werde morgen noch genug frieren, wenn die Deutschen mich abholen!« Der junge Mann klammerte sich an seine Krücken.

»Umziehen!« sagte Ada und hielt ihm ein Bündel

Kleider hin. »Und dann beten. Beten hat noch keinem geschadet.«

Die Kapelle hatte einen Ausgang zum Garten, von dem aus eine versteckte Pforte nach draußen führte. Der Beichtvater der Nonnen hatte hier jederzeit Zugang, und er gehörte zu Georgettes Organisation.

Ada fragte nicht, wer ihren jungen Patienten abholte, aber als sie eine halbe Stunde später nach ihm sehen wollte, war er fort. In den Büchern registrierte sie ihn als gestorben.

Es war fast lächerlich einfach, im Widerstand zu arbeiten. Ada suchte die Patienten aus, denen sie helfen wollte, oder sie erhielt die Namen über Georgette und andere Eingeweihte. Dann gab sie falsche Pässe, Geld, Kleidung oder Proviant aus und brachte die Männer in die Kapelle. Die Organisation wurde von einflußreichen Männern und Frauen in Belgien, England und Frankreich unterstützt und finanziert. Die Prinzessin Marie de Croy nahm dabei eine führende Rolle ein.

Ein halbes Jahr lang verlief alles reibungslos. Die Teilnehmer an den Aktionen fühlten sich derart sicher, daß sie sogar Dankesbriefe übermittelten und entgegennahmen. Ada freute sich sehr über die Nachricht ihres ersten Schützlings. Der junge Kavallerist war Zuhause und in Sicherheit.

Aber dann meinte sie eines Tages Schritte hinter sich zu hören, als sie zwei Männer in die Kapelle brachte. Die beiden Jungen sahen sie voller Panik an.

»Bleiben Sie ganz ruhig!« gebot Ada. »Ihnen kann nichts geschehen. Ich gehe nachsehen, ob jemand da ist, und falls das zutrifft, werden wir einfach eine halbe Stunde hierbleiben und gemeinsam beten. Anschließend bringe ich Sie dann zurück. Ihre Ausrüstung ist gut versteckt, und der Mann draußen wartet auf ein Zeichen, bevor er hereinkommt.« Ada baute stets verschiedene Sicherungen in ihre Aktionen ein. Sie war mutig, aber nicht leichtsinnig.

Während die Männer vor dem Altar niederknieten, schlich sie sich zurück in den Kreuzgang. Bei dem Versuch, Deckung hinter einer Säule zu suchen, wäre sie fast mit Effie zusammengestoßen.

»Du bist es!« riefen die Schwestern fast gleichzeitig. Trotz der angespannten Situation mußten beide lachen.

Effie sammelte sich zuerst wieder. »Ich wußte, hier geht etwas vor, aber dich hätte ich nicht damit in Verbindung gebracht!« erklärte sie. »Ehrlich gesagt dachte ich ... Gott vergebe mir meine verderbten Gedanken! – Ich hatte Schwester Markte im Verdacht und den jungen Franzosen aus dem ersten Saal!« Effie bekreuzigte sich. »Aber nun raus mit der Sprache, was suchst du mit dem Soldaten in der Kapelle?«

Ada lächelte. »Es sind zwei Soldaten, falls dich das in Bezug auf meine Tugend beruhigt. Und was tut man schon in einer Kapelle? Die Männer sollen morgen in ein Kriegsgefangenenlager. Da erwachte in ihnen der Wunsch, zu beten.«

»Zu beten? Das glaubst du doch selbst nicht! Ada, die Leute können den ganzen Tag beten, und wenn sie das unbedingt mitten in der Nacht tun müßten, so könnten sie sich an die Nachtschwester wenden. Dafür brauchtest du nicht aufzustehen. Ich will die Wahrheit wissen, Ada. Dies ist mein Konvent und ich muß wissen, was hier vorgeht!« Effie betrachtete ihre Schwester mit dem gestrengen Blick der Oberin.

Ada überlegte. Gut, sie würde Effie einweihen. Gegen Wohltätigkeit gegenüber Menschen würde ihr Katechismus schon nichts einzuwenden haben.

»Also schön. Aber nicht hier. Ich komme gleich in dein Zimmer. Zunächst muß ich die beiden Männer beruhigen und ... und das Zeichen geben.«

Das Zeichen bestand darin, den Vorhang in Adas Schlafraum aufzuziehen. Da sich hier niemand außer Ada aufhielt, zumal nicht bei Nacht, war das relativ sicher.

Effie wartete schon, als Ada zu ihr stieß. Sie brütete über den Krankenhausaufzeichnungen, die Ada und die anderen Krankenschwestern täglich anfertigten. »Du schmuggelst Leute heraus, ist es nicht so? Ich habe mich schon über die relativ hohe Sterberate gewundert, aber jetzt verstehe ich. Sind noch weitere meiner Schwestern beteiligt?«

Ada schüttelte den Kopf. »Dein Beichtvater weiß Bescheid«, sagte sie mit halbem Lächeln. »Und zwei Schwestern aus der Stadt. Über die laufen auch die Kontakte. Es ist ganz ungefährlich, Effie, aber wir wollen natürlich nicht zu viele einweihen.«

Effie nickte. »Natürlich. Ich habe es auch keinem gesagt.«

»Was hast du keinem gesagt?« fragte Ada verwundert. Eben hatte Effie doch noch so getan, als wäre sie ihr gerade erst auf die Schliche gekommen.

»Das, was ich mache. Schau!« Die Oberin führte ihre Schwester in ihr Schlafzimmer und suchte zwischen ihren Trachten. Schließlich förderte sie einen Stapel Zeitungen hervor.

»La Libre Belgique!« Ada pfiff durch die Zähne. »Dafür kannst du ins Gefängnis kommen, ist dir das klar?«

›La Libre Belgique‹ war das Informationsorgan des Belgischen Widerstandes. Die Deutschen waren unablässig bemüht, seinen Machern und Vertreibern auf die Schliche zu kommen, aber die Aussetzung von Belohnungen hatte bisher so wenig Wirkung gezeigt wie Verhaftungen und Folterungen.

»Und du vielleicht nicht für deine Fluchthilfe?«

Die Frauen lachten sich an, und zum ersten Mal seit vielen Jahren fühlten sie sich wieder so nah wie damals auf Croxton Hall oder im Schwesternwohnheim in London.

»Du verteilst die Zeitungen?« Ada blätterte in einem der Hefte. Die anderen verstaute Effie wieder zwischen ihren Sachen.

»Zum Teil. Ein paar Freunde bekommen sie von mir direkt. Aber die meisten bringe ich an Vertreiber in verschiedenen Stadtvierteln. Eine Nonne fällt nicht weiter auf, nicht wahr? Wir können uns sogar nachts in der Stadt bewegen, und wer wagte es, die Röcke einer Oberin zu durchsuchen?«

»Ganz schön gerissen für ...« Ada unterbrach sich im letzten Moment.

»Für eine Graugans, wolltest du sagen?« Effie kicherte. »Hier, nimm auch einen Stapel. Du kannst ihn Dr. Raimonde im Krankenhaus bringen. Und wenn einer in deine Tasche gucken will ...«

»Sage ich einfach, es wäre ein Baby drin. Vielleicht ist der Deutsche ja nicht aufgeklärt!« Ada umarmte ihre Schwester. Es war schön, wieder wirklich zusammen zu sein.

Nun, da Effie eingeweiht war, intensivierte sich die Hilfe für die Flüchtlinge. Durch den Seiteneingang der Kapelle kam man ebensogut in den Konvent hinein wie hinaus, und Effie kannte die verstecktesten Winkel ihres Klosters. So wurde das Haus zur Durchgangsstation für Flüchtlinge aus dem Landesinneren. Die Männer verbrachten ein oder zwei Nächte im Konvent, bevor sie über die holländische Grenze geschmuggelt wurden. Manche von ihnen berichteten, vorher schon Aufnahme in anderen Konventen der ›Little Sisters‹ gefunden zu haben. Ada und Effie fanden es wundervoll und aufregend, zu einer Kette von Patrioten und Helfern zu gehören.

Im Herbst 1915 geschah jedoch etwas, das ihren Glauben an die eigene Unbesiegbarkeit gründlich erschütterte. Edith Clavell, eine englische Krankenschwester, hatte sich ähnlich wie die beiden in Belgien konspirativ betätigt. Bei ihrer Entdeckung wurde sie verhaftet, eingesperrt, und kurze Zeit später als Spionin erschossen. Ein der Beihilfe bezichtigter Jesuit kam mit der Verurteilung zu 15 Jahren Zwangsarbeit davon.

»Nachdem Miss Clavell erschossen worden war, wurden die Leute vorsichtig«, schrieb Ada ernüchtert in ihr Kriegstagebuch.

Ansonsten war das Leben im Krieg weniger aufregend. Die Schwestern und Ärzte kämpften mit der Patientenflut. Die Deutschen setzten neuerdings Chlorgas ein, und die Behandlung der Soldaten mit verätzten Atemwegen stellte die Mediziner vor neue, oft unlösbare Aufgaben. Ein weiteres Problem war die zunehmende Hungersnot. Brot und Fleisch waren rationiert, letzteres bald gar nicht mehr zu haben. Die Menschen begannen, Katzen und Hunde zu schlachten und zu essen. Ada hielt am Vegetarismus fest, bemühte sich aber, auf verschlungenen Wegen an Fleisch für ihre Patienten zu kommen. Sehr häufig verarbeitete die Krankenhausküche Pferdefleisch, und Ada schüttelte sich bei dem Gedanken an den Tod der Tiere. Immerhin wurden hier keine Importpferde verspeist – in Anbetracht der herrschenden Nahrungsknappheit aß die englische Kavallerie ihre vierbeinigen Gefallenen vermutlich selbst ...

Zwei Jahre nach Edith Clavells Tod wurde Effie eine Warnung zugespielt. So weit es sich ermitteln ließ, kam sie aus dem Bereich Deutscher Obrigkeit. Angeblich war in einem der anderen belgischen Konvente ihres Ordens ein Flüchtling entdeckt worden. Nun drohte man mit der Schließung aller vier Klöster.

Trotzdem machte Effie weiter. Die Schwestern hatten ihr Engagement längst ausgedehnt. Inzwischen kannten sie die Führer, denen sie ihre ›Jungs‹ anvertrauen konnten und auch die Wege, auf denen man sie in die Freiheit schleuste. Es war längst zu gefährlich geworden, die Flüchtlinge von Fremden in den Konvent bringen oder von dort abholen zu lassen. In der Regel erledigten Ada oder Effie das jetzt selbst. Die Flucht über die Grenze war riskant, zumal die Deutschen immer mehr unternahmen, um ihr Hoheitsgebiet zu schützen. Unglückliche Flüchtlinge starben in Elektrozäunen oder verhedderten sich hoffnungslos im Stacheldraht, bis Patrouillen der Deutschen sie fanden. Die Fluchthelfer versteckten sie in Booten oder unter der Kohle von Lokomotiven, ständig in der Furcht vor Spionen oder Verrätern aus den eigenen Reihen.

Nach wie vor versuchten alle, ihr Wissen über die Organisation möglichst gering zu halten, um auch unter der

Folter Schweigen zu wahren. Wenn es eben ging, sollten besonders die Flüchtlinge nicht wissen, wer ihnen geholfen hatte, aber gerade im Falle von Ada und Effie waren die Identitäten nicht leicht geheim zu halten.

Letztlich führte Effies Tracht, die sie so lange geschützt hatte, zu ihrer Entdeckung. Ein achtzehnjähriger Junge hatte lange Zeit auf ihrer Liste gestanden, den rechten Zeitpunkt für die Flucht aber immer versäumt. Schließlich geriet er in Panik und wandte sich um Hilfe an einen Landsmann. Der jedoch entpuppte sich als Informant der Deutschen!

Unter dem Druck der Verhöre erzählte der Junge alles, was er wußte. Er kannte Mutter Catherine Mary, die Oberin der ›Little Sisters‹, und natürlich auch ihre Schwester Ada Cole.

»Und so«, schrieb Ada undramatisch, »fuhren wir ein.«

Gefangen

Die Deutschen kamen in den frühen Morgenstunden. Ada, deren Fenster zur Pforte hin lag, fuhr aus dem Schlaf, als sie Schritte und laute Befehlsstimmen vor dem Konvent hörte. Sie kannte die Uniformen der Geheimpolizei. Das Spiel war aus.

Adas Herz raste, aber jetzt durfte sie sich auf keinen Fall gehen lassen. Auch die deutsche Polizei konnte nicht ohne gewisse Formalitäten in ein Nonnenkloster eindringen. Die Pförtnerin würde sie einige Minuten aufhalten, und diese Zeit galt es zu nutzen.

In fliegender Eile begann Ada, alle möglichen Beweise ihrer konspirativen Tätigkeit zu vernichten. Ein Teil der belastenden Briefe und Dokumente ließ sich auf der Toilette herunterspülen, in anderen mußten Namen getilgt werden. Während Ada mit der Geschwindigkeit der Verzweiflung Papier zerriß und anderes mit dicken Tintenflecken versah, versammelten die Deutschen die Nonnen des Konvents in einem Zimmer, setzten sie unter Arrest und begannen mit der Durchsuchung des Klosters. Effie in ihrer Eigenschaft als Oberin begleitete sie.

Als die Männer schließlich an Adas Tür klopften, war sie so gut wie fertig. Zitternd stand sie inmitten des Raums und überlegte, was sie vergessen haben könnte.

»Polizei! Aufmachen!« Einer der Deutschen rüttelte an der Tür.

Ada warf den Kopf zurück. Was bildeten sich diese Leute ein, ihr zu befehlen?

»Monsieur, Sie wollen nicht ernsthaft in das Zimmer einer Dame eindringen, die nicht angemessen bekleidet ist!« Ada sprach derart selbstsicher und in so schneidendem Ton, daß der Polizist erschrocken zurückwich. Tatsächlich gab man ihr ausreichend Zeit, sich anzuziehen – und ihr Zimmer einer letzten Prüfung zu unterziehen.

Einen Moment lang bereute sie, die Kleider nicht greifbar zu haben, in denen sie Mrs Lumley-Hollands Gesellschaften besucht hatte. Eine englische Lady hätte mehr Autorität gehabt als eine kleine, ältliche Krankenschwester. So aber war der Bann gebrochen, sobald die Polizisten ins Zimmer traten. Adas zweiter Versuch, sie zu beeindrucken, mißlang kläglich.

»Meine Herren, ich begleite Sie gern in Ihr ... Hauptquartier. Aber bitte lassen Sie meine Schwester unbehelligt. Es könnte ihre Autorität als Oberin untergraben, wenn sie abgeführt wird wie eine Verbrecherin!«

Ada wußte von Effies panischer Angst vor dem Eingesperrtsein. Schon als Kind hatte sie sich allein in verschlossenen Räumen gefürchtet. Ada mußte einfach versuchen, die Schwester aus der Sache herauszuhalten.

Ihr Vorstoß stieß jedoch nur auf gelangweiltes Schweigen. Effies Autorität als Oberin war diesen Leuten ebenso egal wie Adas offensichtliche Arroganz. Immerhin würde ihnen nicht der Triumph vergönnt sein, belastendes Material zu finden. Die Dokumente waren vernichtet und Adas Tagebuch gut versteckt. Zum Glück hatte Effie auch die letzten Ausgaben von ›La Libre Belgique‹ gerade erst verteilt ...

Die Männer brachten Ada und Effie ins Militärgefängnis, das im Volksmund den grimmigen Spitznamen »Hotel zum Patrioten« trug.

Sie begannen sofort mit den Verhören – und Ada antwortete mit einer Taktik des Verzögerns und Leugnens. Berichten ihrer Mitverschwörer zufolge hatte ein solches Vorgehen die größten Aussichten auf Erfolg.

»Ja, natürlich haben wir den Jungen gekannt. Ein ziemlicher Wirrkopf, n'est pas? Er erklärte uns ständig, er würde verfolgt und brauche Hilfe. Aber wie hätten wir ihm denn helfen können? Mutter Catherine Mary riet ihm zu beten. Beten befreit!«

»La Libre Belgique? Ja, Monsieur, ich gestehe, das Blatt mal in der Hand gehabt zu haben. Ich fand es ... im Papierkorb, im Hospital. Vielleicht sollten Sie die Papierkörbe durchsuchen. Ich meine, wenn ich irgendwelche geheimen Nachrichten weiterleiten müßte, ich glaube, ich würde Papierkörbe benutzen ...«

Ada wußte nicht, ob die Deutschen daraufhin eine große Untersuchungsaktion im Müllbereich einleiteten, aber sie hielt das für eine gute Idee, sie zu beschäftigen. Sie bemühte sich, ihre Stimme nicht zittern zu lassen, wenn sie die Fragen beantwortete, und sich locker und fast etwas amüsiert zu geben. Vielleicht nahm man ihr die Rolle der etwas naiven, unschuldig in Verdacht geratenen englischen Lady ja ab. Wenn da nur nicht die Sorge um Effie gewesen wäre. Ada sah die Schwester immer noch als das schüchterne und ängstliche Mädchen, das ihren Beistand brauchte – wie mochte sie dieses Verhör allein überstehen?

Aber Effie schlug sich nicht viel schlechter als ihre Schwester. Sie war ja längst kein Kind mehr, sondern Mutter Catherine Mary, selbstsicher und erfahren in

Menschenführung. Im Verhör gab sie sich gelassen und von unerschütterlichem Gottvertrauen.

»Gott weiß, ich habe nie etwas Unrechtes getan!« sagte sie zweideutig. »Sie können mir keine Angst machen, denn ich bin in seiner Hand!«

Bei den deutschen Vernehmungsbeamten verfing jedoch weder Adas Naivität noch Effies Demut. Nach ein paar endlosen Stunden des Verhörs brachte man beide Schwestern in ihre Zellen.

»Einzelhaft!« sagte Adas Examinator. »Mal sehen, ob Ihnen da nicht doch noch etwas einfällt, Miss Cole.«

Ada blieb drei Wochen in Isolationshaft. Die Zelle war ein karger Raum, mit Bett, Stuhl, Wandschrank und Latrineneimer spärlich möbliert. Hier gab es nichts zu tun oder zu lesen als ein paar Sprüche an den Wänden, eingeritzt oder mit Bleistift geschrieben von früheren Häftlingen. Besonders belastend fand Ada die dort aufgezeichneten Kalender mit abgestrichenen Tagen. Wo mochten die Verfasser dieser Notizen jetzt sein? Ada begann, sich auf die Latrinenreinigung zu freuen, denn nur dabei sah sie einen Menschen. Sie wartete auf die Essenszeiten, obwohl die Mahlzeiten selten Überraschungen boten. Meist gab es dünne Erbsen- oder Bohnensuppen und Brot. Hervorragender Service für Vegetarier, dachte Ada.

Die Gefangenen starrten stundenlang auf das winzige Stück Himmel, das sie durch das hochgelegene, winzige Zellenfenster sehen konnten. Ada versuchte zu erraten, wie das Wetter war, aber das vergitterte Loch in der Wand bot wenig Anhaltspunkte.

Irgendwann brachte man jemanden in die Zelle neben ihr, der das Klopfalphabet beherrschte. Ada brauchte nur ein paar Minuten, um das Prinzip zu verstehen, und von da an war es immerhin möglich, sich in begrenztem Maße auszutauschen. Es gab allerdings wenig zu erzählen. Der Alltag in den Zellen war für alle gleich ereignislos und belastend, und um Erinnerungen auszutauschen, waren die Klopfzeichen zu mühsam und die Gefangenen zu vorsichtig.

Wochenlang verließ Ada ihre Zelle nur zu den Verhören. Die Deutschen arbeiteten mit den verschiedensten Taktiken: Einmal appellierte man an Adas ›Einsicht‹ und versprach ihr mildernde Umstände, wenn sie Namen und Daten von Helfern und Mitwissern verriet; ein anderes Mal schrie man sie an und konfrontierte sie mit den Briefen, die man in ihrem Zimmer gefunden hatte.

»Die Namen und Adressen sind durchgestrichen! Wenn Sie uns nicht sofort sagen, was hier ursprünglich stand . . .«

Ada behielt die Ruhe. »Meine Herren, wenn ich Sie hätte wissen lassen wollen, was dort stand, so hätte ich mir kaum die Mühe gemacht, es auszustreichen!«

Die Männer drohten mit Kerker, Dunkelhaft und Deportation nach Deutschland, aber Ada blieb standhaft. Ihr entschlossener Widerstand geriet nur ins Wanken, wenn es um Effie ging. Sie lebte in Angst um die Schwester und hätte Jahre ihres Lebens gegeben, um zu wissen, wie es ihr ging. Aber andere Leben konnte sie dafür nicht gefährden! Ada schwieg.

Schließlich hob man die Einzelhaft auf. Nach einem besonders zermürbenden Verhör fand sich Ada in einer Zelle mit drei anderen Frauen wieder. Ihre erste Freude darüber wandelte sich jedoch bald in die Überlegung, ob ihre eigene Gesellschaft nicht letztlich anregender gewesen war. Die neuen Zellengenossinnen waren Flamen und sprachen kein Wort französisch. Zudem gehörten sie offensichtlich untersten Gesellschaftsschichten an – vielleicht waren sie wegen krimineller Vergehen inhaftiert. Sie brachten Flöhe und Läuse mit in die Zelle, gegen die Ada von da an einen erfolglosen Kampf führte, und sie waren laut und unhöflich. Ada fand es widerwärtig, die Zelle mit ihnen zu teilen zu müssen. Sie dachte mit Grausen daran, wie Effie sich fühlen mußte, wenn man sie mit ähnlichen Leuten zusammensperrte.

Effie blieb etwas länger in Isolationshaft als ihre Schwester. Offensichtlich hoffte man, die sanfte, höfliche Nonne doch brechen zu können. Als man sie schließlich in eine Gemeinschaftszelle verlegte, brachte man sie allerdings in angemessener Gesellschaft unter. »Anscheinend wollte man den Papst nicht brüskieren!« kommentierte Ada später.

Nach fünf entnervenden Wochen mit den flämischen Frauen wurde eine von ihnen ausgetauscht. Auch die neue Zellengenossin war Flamin, sprach aber etwas Französisch und kam aus dem Widerstand. Sie war eben zu fünfzehn Jahren Gefängnis verurteilt worden. Andere Mitglieder ihrer Gruppe warteten auf ihre Hinrichtung. Ada schloß schnell Freundschaft mit ihr. Die beiden verbündeten sich und hielten zumindest einen Teil der Zelle weitgehend ungezieferfrei.

Ada erhielt nun auch die Möglichkeit, sonntags die Messe zu besuchen und durfte täglich zwanzig Minuten in den Hof. Natürlich war es verboten, mit anderen Häftlingen zu reden, aber ab und zu wurde doch ein Wort gewechselt. Ada drehte gerade schweigend ihre

Runden, als sich eine junge, unscheinbare Frau neben sie schob.

»Grüße von Ihrer Schwester«, raunte das Mädchen ihr zu. »Es geht ihr gut.«

Vor Überraschung hätte Ada sich fast verraten, fing sich dann jedoch schnell. Sie hielt sich in der Nähe der jungen Frau und hoffte, Näheres zu erfahren, aber eine deutsche Wärterin bemerkte ihr Ansinnen und trieb die beiden auseinander.

»Ofenrohr«, formte das Mädchen noch vielsagend mit den Lippen, bevor sie ging.

Einigermaßen verwirrt kehrte Ada in ihre Zelle zurück. Was hatte Effie mit einem Ofenrohr zu tun? Ob sie die junge Frau falsch verstanden hatte?

Marie, ihre flämische Freundin, schüttelte lachend den Kopf. »Ich glaube, Sie richtig verstanden. In andere Gefängnis – Tick Tack an Ofenrohr!« Marie machte die Geste des Klopfens.

Ada verstand. Vermutlich waren die Ofenrohre in den Zellen sehr leitfähig für Geräusche. Sie versuchte es sofort mit dem Klopfalphabet und erhielt zu ihrer Überraschung nicht nur Antwort aus der Nachbarzelle. Die Kommunikation über das Ofenrohr funktionierte über mehrere Zellen hinweg, und Ada erreichte Effie in der dritten von links! Die beiden Schwestern klopften ausdauernd. Ada hatte bald das Gefühl, die Haut über ihren Knöcheln müßte aufplatzen, denn die Buchstaben erforderten bis zu fünfundzwanzig Klopfakte, aber das war die Sache wert! Effie berichtete von ihren erfolgreich bestandenen Verhören und der angenehmen Gesellschaft in ihrer Zelle. Zudem hatte sie eine Nachricht, die Ada rasches Herzklopfen verursachte: »Es heißt, die Deutschen verlieren.«

Ada und Effie waren am dritten August 1918 verhaftet worden, und ihre letzten Informationen bezüglich des Kriegsverlaufs betrafen den Stillstand der deutschen Westoffensive. Natürlich hatte es Gerüchte von einem bevorstehenden Zusammenbruch der Westfront gegeben, aber so etwas wurde oft erzählt, und die Schwestern hatten längst aufgegeben, sich auf jedes Gerücht hin Hoffnungen zu machen. Effies heutige Nachricht schien die Sache aber zu bestätigen. Ihre Zellengenossen waren erst vor einigen Tagen verhaftet worden und besaßen neuere Informationen.

Leider konnten Effie und Ada sich nicht lange an ihrer Gesprächsmöglichkeit freuen. Ada erfuhr nie, ob eine ihrer Zellengenossinnen sie verraten hatte, oder ob die Deutschen die Kommunikation der Schwestern vielleicht bewußt duldeten und abhörten. Die beiden hätten ja Geheimnisse austauschen können. Die Nachricht vom möglichen Sieg der Alliierten war jedenfalls die letzte Information, die zu Ada durchkam. Danach erschien eine erboste Gefängniswärterin und spedierte sie mit einem deutschen Wortschwall aus ihrer Zelle. Erneut verbrachte Ada einige Tage in Isolationshaft. Als sie zurückkehrte, hatte man Effie verlegt.

Gelegentlich erreichten die Gefangenen Nachrichten von außerhalb über verborgene Kanäle, und meist fand die ›Postverteilung‹ während des Hofganges statt. Ada war völlig verblüfft, als man ihr eines Tages eine unsignierte Karte aus Holland in die Hand drückte: »Ich traf kürzlich William Cole. Zuhause ist alles in Ordnung.«

Ada hoffte, daß sich das auch auf ihren Hund bezog. Vielleicht war die Ernährungslage in England besser als auf dem Kontinent ...

Inzwischen waren die Schwestern acht Wochen eingekerkert, und die physischen und psychischen Belastungen forderten ihren Tribut. Ada begann wieder zu husten. Als sie obendrein Fieber bekam, bestand ihre Freundin und Zellengenossin darauf, den Gefängnisarzt zu holen. Der erwies sich jedoch nicht als hilfreich.

»Sie zahlen die Zeche für Ihre Verfehlungen, Miss Cole!« sagte der große, blonde Mann, der sich so aufrecht hielt, als nähme er gerade eine Parade ab.

Ada seufzte. Mit der Einstellung und dem Verhalten dürfte der Mann in der Militärhierarchie rasch aufsteigen.

Die Freunde und Angehörigen der Schwestern setzten inzwischen alle Räder in Bewegung, um eine rasche Freilassung oder wenigstens einen fairen Prozeß für sie zu erreichen. Angesichts der Geschichte der Edith Clavell befürchteten alle ein Todesurteil. Zwar zeichneten sich das Ende des Krieges und die Niederlage der Deutschen zusehends ab, aber das würde die Besatzer nicht unbedingt aufhalten, sich noch im letzten Moment an ihren Feinden zu rächen. Die Katholische Kirche und die englische und holländische Regierung intervenierten zugunsten der Schwestern Cole. Im Gegensatz zu Edith Clavell sollte ihnen wenigstens ein deutscher Anwalt gestellt werden, besser noch ein belgischer. Zudem verlangte das britische Kriegsministerium die Anwesenheit holländischer Beobachter.

Adas Verhöre gingen weiter. Mittlerweile wurden sie jedoch ermüdend für alle Beteiligten. Den deutschen Vernehmungsbeamten war längst klar, diese Frau würde nicht reden, und Ada kannte inzwischen sämtliche Tricks, mit denen sie doch noch dazu gebracht werden sollte. Angesichts früherer Berichte aus dem Widerstand hatte sie sich zunächst vor Folterungen gefürchtet, aber davor schreckten die Besatzer bei Frauen zurück.

Eines Tages unterbrach Ada ihrerseits die Verhör-Routine.

»Was sind das für schreckliche Laute?« fragte sie, als von den Nebengebäuden her Quieken und schrille Schreie von Tieren zu hören waren.

Der Kommandant schloß das Fenster. »Schweine. Man schlachtet sie da hinten für die Offiziersmesse. Das haben wir hier fast jeden Tag um diese Zeit!«

Ada fuhr herum. »Monsieur, das können Sie sich jeden Tag anhören? Sie erleben Tag für Tag, daß man unschuldige Tiere bestialisch absticht und tun nichts dagegen? Ich habe Sie für einen zivilisierten, gebildeten Mann gehalten, aber dies ist ... widerlich!«

In den nächsten Minuten hörte der Vernehmungsbeamte mehr von Ada als in all den Monaten zuvor. Allerdings sprach sie nicht von Fluchthilfe und Widerstand, sondern schilderte den Gebrauch von Bolzenschußapparaten und referierte über schmerzlose Tötungsmethoden und Untersuchungen im Zusammenhang zwischen Schlachtung und Fleischqualität.

Am nächsten Tag brachte ein deutscher Armeelastwagen Bolzenschußapparate zum Militärgefängnis. Niemand sollte dem Kommandanten nachsagen, er neige zu Tierquälerei!

Die Gerichtsverhandlung gegen die Schwestern Cole wurde offiziell auf den 7. November 1918 angesetzt. Tatsächlich fand sie dann aber schon am ersten statt und entpuppte sich als eine Farce ohne Anwalt und ohne niederländische Beobachter. Den Angeklagten war klar, daß ihr Urteil schon vorher feststand und befürchteten das Schlimmste. Ruhig und gefaßt trat Ada vor ihre Richter. Eine Reihe deutscher Offiziere hörte sich ihre knappe Aussage an und sandte sie dann für eine entnervende halbe Stunde auf den Flur vor dem Gerichtssaal. Dann aber fiel das Urteil glimpflich aus. Ada und Effie erhielten jeweils ein Jahr Gefängnis.

»Mit anschließender Deportation nach Deutschland bis zum Ende des Krieges«, fügte der Vorsitzende mit unbewegter Miene hinzu.

Ada und Effie konnten ihren Jubel kaum unterdrücken. Dieses Urteil war zu mild! Eine starke, selbstsichere Besatzungsmacht hätte sie niemals so leicht davon kommen lassen. Die Gerüchte vom bevorstehenden Ende des Krieges mußten stimmen.

Auch die anderen Häftlinge, die man mit Ada und Effie zum Gerichtsgebäude gebracht hatte, freuten sich über milde Urteile. Ihre Ausgelassenheit entlud sich in patriotischen Gesängen während des Rücktransports ins Gefängnis, und die Passanten in den Straßen Antwerpens hörten sie und applaudierten ihnen. Natürlich rechneten die Gefangenen mit einer Bestrafung für dieses Benehmen, aber sie erfolgte nicht. Vielleicht freute sich der Fahrer des Gefangenentransportes sogar mit seinen unfreiwilligen Passagieren. Auch die Deutschen waren kriegsmüde. In Kiel meuterten die Matrosen der Kriegsflotte. Man sprach von Revolution, und die alliierte Gegenoffensive kam in ungeahnter Geschwindigkeit voran.

Ada und Effie kehrten zunächst zurück in ihre Zellen. Auf ihre Freude folgte rasche Ernüchterung, als die Gefängnisdirektorin sie mit gewohnter Strenge und Feindseligkeit empfing.

Aber schon am zehnten November unterbrachen laute, fröhliche Stimmen den Gefängnisalltag. Eine Gruppe revoltierender, deutscher Soldaten brach ein, um Kameraden zu befreien. Keiner sollte mehr wegen Desertation einsitzen! Plötzlich galt es als mutig, sich dem Kriegsdienst zu entziehen. Auch für die politischen Gefangenen öffneten die lärmenden, siegestrunkenen Männer gern die Zellen. Aber um Ada und Effie herauszuholen, mußte man an der Direktorin vorbei. Wie ein Zerberus bewachte die resolute Frau ihre weiblichen Gefangenen, und die Soldaten zogen ernüchtert ab.

»Helden!« sagte Ada zu ihrer Zellengenossin und schlug die Augen gen Himmel. Die junge Flamin lachte. Auch sie sah die Freiheit näher rücken. Aber die Direktorin hatte noch einige Überraschungen auf Lager.

»Sie sind hier nicht mehr sicher!« erklärte sie Ada kurz, nachdem sie die Männer herausspediert hatte. »Und dafür habe ich meine Befehle. Ich teile Ihnen offiziell mit, daß sie morgen nach Deutschland deportiert werden!«

Ada protestierte. Sie war zum Arrest in Belgien verurteilt. Erst nach einem Jahr sollte die Deportation erfolgen. Aber die Direktorin hörte nicht zu. Sie schloß die Zellentür, war jedoch einige Minuten später wieder da. Zu Adas Verblüffung und Freude schob sie Effie in die Zelle.

»Sie werden gemeinsam deportiert«, bemerkte die Wärterin knapp.

»Wenigstens sind wir zusammen!« trösteten sich die Schwestern. »Vielleicht werden wir ja schon auf dem Transport befreit. Und in Deutschland kann der Krieg auch nicht mehr ewig dauern.«

Während sich Ada und Effie über die Ereignisse der letzten Wochen austauschten, herrschte im Konvent der ›Little Sisters‹ hektische Aktivität. Die Nonnen hatten von den Ereignissen des Abends erfahren und waren fest entschlossen, die Deportation ihrer Oberin zu verhindern. Letztlich konnte ein Gefangenentransport in den letzten Stunden des Krieges doch auch nicht im Sinne der Deutschen sein! Es war die Nacht zum 11. November angebrochen, und um elf Uhr morgens sollte im Wald von Compiègne der Waffenstillstand geschlossen werden. Der Krieg war vorbei.

Effies Nonnen wandten sich mit ihrem Anliegen an den Militärgouverneur, der sofortige Hilfe versprach. Eskortiert von einem deutschen Soldaten mit roter Armbinde und roter Fahne trabte eine junge Nonne durch Antwerpen, wild entschlossen, jedes Gefängnis zu stürmen. Allerdings war ihr patriotischer Einsatz gar nicht mehr nötig. Die Direktorin des Gefängnisses hatte sich längst allein Richtung Deutschland abgesetzt und ihre letzten Gefangenen einfach in den Zellen vergessen. Nach kurzer Schlüsselsuche küßte die ›Little Sister‹ aufgeregt den Ordensring ihrer geliebten Mutter Catherine Mary. Ada und Effie waren frei.

Die beiden Schwestern genossen die Siegesfeiern. Ada beschrieb ihrem Bruder William eine Messe in der Kathedrale, in der die Widerständler und siegreichen Heimkehrer gefeiert wurden: »Die Orgel spielte die Brabanconne, und die Menschen trugen einen Jungen in Khaki auf ihren Schultern zum Chor. Unser erster Heimkehrer hielt Blumen im Arm und warf sie in die Menge, und wir alle schrien ›Bravo‹ und weinten vor Freude.«

Von früheren Mitgefangenen nahmen die Schwestern strahlend kleine, silberne Anhänger entgegen. Jemand hatte sie in Form ihrer Zellentüren im ›Hotel zum Patrioten‹ geschmiedet und ihre Zellennummern, sowie die Daten ihrer Gefangennahme und Freilassung eingraviert. Zwei Jahre später verlieh der belgische König beiden Schwestern einen Verdienstorden für tapferen Widerstand während der Besatzungszeit.

Trügerischer Friede

Nach Ende des Krieges verbrachte Ada noch mehrere Wochen in Belgien. Sie mußte eine schwere Grippe auskurieren, bevor sie die Heimreise nach England antreten konnte. So nutzte sie die Zeit, alte Kontakte wieder aufzunehmen. Im Bett sitzend schrieb sie Briefe und einen Bericht über die Kriegsjahre in Belgien. Sie hoffte, später einen Verleger dafür zu finden, aber letztlich erschien der Text nur als Serie in einer Zeitschrift.

Jules Ruhl besuchte Ada in Antwerpen und stand ein bißchen verlegen am Bett der gefeierten Widerständlerin. Ada genoß in diesen Tagen eine gewisse Berühmtheit, er dagegen hatte sich während der Kriegsjahre lediglich um den Tierschutz verdient gemacht. Unter anderem versuchte er, sich für die streunenden Katzen und Hunde einzusetzen, die Gefahr liefen, als Ragout zu enden.

»Ich mußte tatsächlich dafür kämpfen, die armen Miezen wenigstens per Bolzenschußapparat in den Himmel zu schicken!« erzählte er. »Bei mir erschienen jeden Tag ein paar vierbeinige Kostgänger, um sich Essensreste abzuholen. Es war nicht viel, aber bevor sie verhungerten, schlürften die Viecher auch Bohnensuppe. Die Nachbarn dagegen spekulierten auf eine Einlage in ihren Eintopf. Ich war ständig im Einsatz, sie am Katzenmord zu hindern!«

Ada lachte. Sie war glücklich über das Wiedersehen mit Jules und darüber, wie wenig er sich verändert hatte. Die beiden fanden schnell wieder in die alte Vertrautheit zurück. Die Erinnerung an ihre gemeinsamen Streifzüge durch Antwerpen überlagerte die Gedanken an die Strapazen der letzten Aktionen in Belgien und Frankreich und die gräßlichen Erlebnisse in den Schlachthäusern.

»Ich schreibe Ihnen aus England«, versprach Ada beim Abschied. »Und wer weiß, vielleicht sehen wir uns ja auch bald wieder an den Docks von Antwerpen. Ich habe so eine Ahnung, die Transporte könnten schnell wieder einsetzen ...«

1919 kehrte Ada heim in das quirlige England der Nachkriegsjahre. Sie bezog erneut ihr Haus in Cley und fand dort eine Stelle als Pflegerin einer alten Dame. Die verwaisten Büroräume ließen ›Hill Top‹ zu groß für sie erscheinen, aber ihr fehlte die Energie, sich nach einem kleineren Haus umzuschauen. Zudem schwante ihr, sie würde die Räume noch brauchen.

Erfreut registrierte Ada die Einführung des eingeschränkten Frauenwahlrechts. Zwar durften nur Frauen über dreißig und Grundbesitzerinnen an die Urnen, aber es war ein Anfang. Ada erhoffte sich vor allem Verbesserungen in der Tierschutzgesetzgebung. Frauen waren meist ansprechbarer für die Belange der Vierbeiner, und nun würde man ihre Meinung ernster nehmen.

1919 hatte sich der Verkehr zwischen England und Belgien wieder normalisiert, und leider auch der Betrieb in den belgischen Schlachthäusern. Erneut forderten die Verbraucher auf dem Kontinent Pferdefleisch – und in England gab es nach wie vor ausgediente Pferde.

Die RSPCA informierte Ada über eine neue Initiative. Kurz vor Kriegsausbruch hatten sich viele Pferdebesitzer zur »League of Mercyful Horse Owners« zusammengeschlossen. Ihre Mitglieder verpflichteten sich, kein altes und krankes Pferd lebend aus der Hand zu geben. Wenn sie es nicht mehr halten konnten, sollte es in ihrem Besitz schmerzlos getötet werden.

Die Tierschützer und Vereinsmitglieder feierten diese Idee als einen guten Ansatz, aber Ada war skeptisch. Diese Pferdebesitzer hatten ihre Lieblinge wohl auch vorher nicht an Händler verkauft! Immerhin hatte ihre Verpflichtung Signalwirkung. Das Thema ›Pferdetransporte ins Ausland‹ blieb im Gespräch und erregte die Öffentlichkeit, als die Exporte 1919 wieder begannen. Ada und die anderen Tierschützer der RSPCA erreichten alarmierende Meldungen. Wurde ein Pferd bei einem Verkehrsunfall verletzt, so erhielten seine Besitzer gleich drei oder vier Angebote von Pferdehändlern. Nach wie vor wurden gute Preise für Schlachtpferde gezahlt, und Mitglieder der Liga berichteten von haarsträubenden Erlebnissen rund um die Tötung ihrer alten Pferde.

»Ich weiß, ich hätte dabei sein müssen, aber ich brachte es nicht übers Herz«, erzählte eine ältere Dame bei einem Treffen, »Delight hing so an mir ... ich konnte nicht mit ansehen, wie sie erschossen wurde. Immerhin habe ich das Ausheben eines Grabes überwacht und auf den Schuß gehört, und dann ging ich hin, um mich vom Tod meines Pferdes zu überzeugen. Aber der Knecht hatte die Grube schon zugeschüttet, und das machte mich skeptisch. Der Kerl war sonst nicht so fleißig – warum also jetzt die Eile? Ich ließ die Erde entfernen und fand das Grab leer! Natürlich habe ich den Jungen streng befragt, und schließlich gestand er, Delight verkauft zu haben! Ein Händler hatte ihm gesagt, sie könnte gut noch ein bißchen Arbeit im Ausland tun! Wir fanden sie dann an den Docks von King's Lynn. Sie wäre noch in der selben Nacht nach Belgien verschifft worden, kreuzlahm wie sie war! Und die Kontrollen hatte sie bereits durchlaufen!«

Ada nickte dazu nur wissend. Sie kannte die Methoden der Händler. Der häufigste Trick, Lahmheiten zu verdecken, bestand darin, auch das andere Vorder- oder Hinterbein zu verletzen, damit das Pferd wieder gleichmäßig lief. Es gab aber auch Möglichkeiten der Betäubung, und selbst der Nervenschnitt, eine Methode, das Pferdebein durch Durchtrennung eines Nervs gefühllos zu machen, war bei englischen Pferdehändlern seit fast hundert Jahren bekannt und gebräuchlich.

Beim Handel mit Belgien beschränkte man sich aber meist auf die Umgehung der Kontrollen und Bestechungsgelder für die Inspektoren. Der Krieg hatte viele Männer noch stärker verroht – sie hatten ihre Kameraden verbluten sehen, was waren dagegen ein paar gequälte Pferde? Wer die Kämpfe überstanden hatte, wollte leben und sich etwas gönnen – ein bißchen finanzielle Unterstützung durch die Pferdehändler kam den Inspektoren da gerade recht.

Ein weiteres Mal forderte die RSPCA, Exportpferde mit einer Steuer zu belegen. Diese alte Idee von Captain Fairholme versprach nach wie vor die besten Ergebnisse: Ein Pferd, das schon 20 bis 30 Pfund kostete, bevor es England verließ, brachte kaum noch Profit. Leider sah das Parlament keinen Handlungsbedarf. Nach Ansicht der Politiker sollten die Tierschützer mit dem ›Exportation of Horses Act‹ von 1914 zufrieden sein. Für eine Verschärfung fand sich vorerst keine Lobby.

Lord Lambourne, der neue Vorsitzende der RSPCA, versuchte es daraufhin mit einem anderen Ansatz. 1920 bat er um eine Audienz beim Belgischen König und sprach mit ihm über die Pferde. Vielleicht war es die Einsicht des Monarchen, vielleicht auch ein kleiner Dank für Adas Verdienste im Krieg; jedenfalls unterstützte der König die Bitte an sein Volk, auf Lebendimporte englischer Pferde zu verzichten. Wenn die Pferde in England getötet wurden, erreichte ihr Fleisch Belgien innerhalb von siebzehn Stunden – einer absolut annehmbaren Frist. Auf Initiative des Monarchen wurde weiterhin ein Gesetz zum Schutz der Tiere erlassen. Wer Pferde nach Belgien importierte, mußte dafür eine Arbeits- oder Schlachtlizenz beantragen. Letztere war kostenlos, allerdings mit verschiedenen Auflagen verbunden. Die Pferde mußten in Quarantäne-Ställe gebracht, ordentlich gefüttert und innerhalb einer gewissen Frist getötet werden. Eventuelle Transporte zu weiter entfernten Schlachthäusern hatten per Bahn zu geschehen. Diese Bestimmungen waren gut gemeint, zeigten aber leider nicht die gewünschten, positiven Auswirkungen. Angesichts der Umstände verzichteten nämlich die meisten Händler auf die Schlachtlizenz, und deklarierten ihre Ware statt dessen als ›Arbeitspferde‹. Die dazu nötigen Papiere kosteten zwar fünfzehn Franc, aber das verbuchten die Händler als zusätzliche Unkosten. In der Statistik sank die Anzahl der Schlachtpferdeexporte nach Belgien damit rapide. In Wirklichkeit landeten aber auch die ›Arbeitspferde‹ beim Metzger – wenn sie nicht in Belgien getötet wurden, so in Holland oder Frankreich. In diesen Ländern bestand man weiterhin auf ›Frischfleisch‹.

Die Transporte der kranken und lahmen Pferde rissen nicht ab. Allein in einem Monat trafen 1920 über zweitausend Schlachtpferde aus England in Antwerpen ein: alte Kavalleriepferde, Jagdpferde, Kutschpferde, Ponys. Allen Inspektionen zum Trotz war ihr Zustand himmelschreiend. Viele Professoren veterinärmedizinischer Fakultäten empfahlen ihren Studenten die Docks zu Studienzwecken: Nirgendwo sonst konnten so viele Krankheiten und Verletzungen am lebenden Pferd studiert werden.

Resigniert las Ada die Berichte. Sie würde den Kampf aufs Neue aufnehmen.

»Sie sehen phantastisch aus!« Jules Ruhl begrüßte Ada und Lord Lambourne am Kai von Antwerpen und strahlte beim Anblick seiner alten Freundin. Ada fuhr lächelnd über ihre neue Kurzhaarfrisur. Die kurzen Locken standen ihr besser als der strenge Knoten, und sie waren so viel praktischer! Das galt auch für ihre neue Garderobe. In der neuen Dekade wurden die Kleider kürzer, und Ada machte die Mode gern mit.

»Elegant, wie Sie sind, würde ich lieber mit Ihnen ins Café gehen als an die Docks«, meinte Jules und griff nach Adas Reisetasche. »Aber Sie müssen sich die Zustände dort unbedingt ansehen. Man möchte meinen, die Zeit wäre zurückgedreht ...«

In den nächsten Tagen führten Ada, Jules und Lord Lambourne Buch über die Pferde, photographierten und zogen erneut in die Schlachthäuser. Der Anblick der Tiere war deprimierend vertraut: Eine rote Stute, hochtragend und auf mindestens zwei Beinen lahm, ein braunes Pony, zum Skelett abgemagert, ein Wallach mit deformierten Hufen ...

»Die Hälfte von denen hätte gar nicht erst transportiert werden dürfen!« sagte Ada seufzend. »Es ist genau so, wie ich es vorhergesagt habe, das Gesetz greift nicht!«

»Aber immerhin haben sich die Transportbedingungen verbessert«, meinte Jules. »Wenigstens werden die Pferde jetzt während der Reise getränkt und gefüttert und brauchen den Weg in die Schlachthöfe nicht mehr auf eigenen Beinen anzutreten. Wir haben schon einiges erreicht.«

»Nicht genug, Jules, nicht genug! Wir haben uns geschworen, es zu stoppen, wissen Sie noch?« Ada sah forschend zu ihm auf.

Jules nickte. »Und das werden wir auch! Also, wie geht es weiter?«

Lord Lambourne setzte auf politische Lösungen. Zugegeben, das bisherige Gesetz hatte Lücken, aber durch gezielte Auswahl der Inspektoren und häufige Kontrollen durch kompetente Prüfer müßten sie sich schließen lassen. Der Lord versprach, seinen gesamten Einfluß geltend zu machen, um eine pferdefreundlichere Auslegung des Gesetzes zu sichern.

Ada und Jules versprachen sich mehr von Öffentlichkeitsarbeit.

»Letzten Endes müssen diese Transporte verboten werden, alles andere ist Augenwischerei!« sagte Ada resolut. »Wir brauchen ein neues Gesetz, und das kriegen wir nur, wenn wir wieder Aufmerksamkeit erregen. Die Menschen müssen ein solches Gesetz fordern, denn auf die Politiker kann man sich nicht verlassen. Ich werde die Presse alarmieren! Und Sie nehmen Pressevertreter mit in die Schlachthöfe, Jules, damit die Leute sich nicht einreden können, die Reise der Pferde ende bei Heu und Wasser an den Docks von Antwerpen. Außerdem ... Wie wäre es mit einem großen Treffen aller

Pferdeschutzverbände? Es reicht nicht, daß einer mal hier ein Pferd rettet oder da eine Petition übergibt. Wir müssen international zusammenarbeiten!«

Jules nickte begeistert. »Gute Idee. Ich werde rüberkommen und eine Rede halten. Und vielleicht können wir auch die holländischen Tierschützer einladen. ›Internationales Treffen der Pferdeschützer‹ – das ist ein guter Aufhänger für Presseberichte!«

Jules und Ada strahlten sich an. Sie empfanden wieder die alte Aufbruchstimmung. Lord Lambourne schaute dagegen etwas mißmutig. Sicher, ein solcher Kongreß würde die Sache wieder in die Zeitungen bringen. Aber als alter Kämpfer für die RSPCA kannte er auch die Grenzen der Politik und die mangelnde Bereitschaft weiter Teile der Bevölkerung, sich für den Tierschutz zu engagieren. Jules und Adas Hoffnung, die Schlachtpferdetransporte völlig zum Erliegen bringen zu können, teilte er nicht.

Zurück in England begannen sowohl Ada als auch Lord Lambourne mit ihrer mühsamen Überzeugungsarbeit. Ada schrieb an Pressevertreter und Politiker, Lord Lambourne sprach einige der einflußreichen Leute direkt an. Auf seine Anregung hin bestellte der Landwirtschaftsminister eine offizielle Untersuchung der Transporte und sah sich wenig später einem schockierten Sonderbeauftragten gegenüber.

»Die Zustände sind unhaltbar, Sir! Die Tiere kommen aus allen Teilen des Landes in die Häfen – es darf ja nur noch von fünf Orten aus verschifft werden. Zum Teil sind sie vor der eigentlichen Reise nach Belgien schon tagelang unterwegs, überanstrengt, lahm, schlecht gefüttert. Die Kontrollen sind dann mehr als nachlässig

– manchmal werden drei oder vier Pferde auf einmal vorgeführt, und der Prüfer unterhält sich dabei mit dem Pferdehändler! Meistens wird nachts transportiert, am späten Abend kontrolliert. Da könnte man nicht mal etwas sehen, wenn man etwas sehen wollte! Und die schlimmsten Fälle laden die Händler erst ein, nachdem die Prüfer sich verabschiedet haben!«

Der Minister handelte schnell. Bevor Ada Cole und ihre Tierschützer die Sache an die Öffentlichkeit brachten, wollte er die Mißstände lieber selbst beseitigen. Ein paar Wochen vor dem geplanten Pferdeschutzkongreß in der Royal Albert Hall gab er die Entlassung der inkompetenten und bestechlichen Inspektoren im Parlament bekannt: »Ich glaube, wir alle können nach wie vor stolz sein auf unser Gesetz von 1914. Aber ein Gesetz ist immer nur so gut, wie die Menschen, die es durchsetzen! Ich hoffe, daß meine neuen Prüfer dem ›Exportation of Horses Act‹ seinen Wert zurückgeben!«

Seine Erklärung, aber auch der bevorstehende Kongreß hatte das Interesse der Presse an den Pferdetransporten erneut aufflackern lassen. Leider waren nicht alle Berichte geeignet, das Anliegen der Pferdeschützer voran zu treiben. Der Artikel des Pferdekenners und alten Kavalleristen Lionel Edwards in der Illustrated London News brachte Ada zum Schäumen. Der Mann hatte einen Transport von Pferden vom Customs House Quay in Südengland besucht und war positiv überrascht von den dort herrschenden Zuständen: »Die neuen Inspektoren der Regierung zeigten sich kompetent und ehrlich und führten die Untersuchungen mit Sorgfalt durch. Alle 72 Pferde waren in trockenen, luftigen Ställen untergebracht, präsentierten sich sauber und in annehmbarem Futterzustand.«

Auch an den Transportschiffen wäre nichts zu beanstanden. Neuerdings stünden die Pferde hier in Boxen, die bei rauhem Seegang Anlehnung ermöglichten, und sie würden getränkt und mit gutem Heu versorgt. Edwards räumte zwar ein, daß die Zustände in nördlichen Häfen weniger befriedigend wären. Auch wies er darauf hin, die verschifften Pferde seien zwar gemäß des Gesetzes korrekt für arbeitstauglich befunden worden, dürften aber nichtsdestotrotz im Schlachthaus enden. »Dies ist sicher nicht ganz im Sinne des Gesetzgebers, aber auch nicht gesetzwidrig. Angesichts der zur Zeit herrschenden Anwendung des ›Exportation of Horses Act‹ dürfte es Tierschutzgesellschaften schwer fallen, dem Ministerium die Duldung von Grausamkeiten nachzuweisen.«

»Dem Mann hat man doch ein Theaterstück vorgeführt!« erregte sich Ada und schmetterte die Zeitung auf den Tisch vor Lord Lambourne. Sie ließ sich selten derartig gehen, aber das war zuviel.

»Sie haben die Häfen selbst gesehen, Sir. Sind Ihnen ›saubere, luftige Ställe‹ aufgefallen und ›sorgfältige Lahmheitsuntersuchungen, bei denen jede Taktunreinheit beanstandet wurde‹? Nach meinen Beobachtungen geht da jedes Pferd mit an Bord, das seine vier Beine noch irgendwie auf den Boden kriegt!«

Lord Lambourne hob beschwichtigend die Hand. »Nun beruhigen Sie sich mal, Miss Cole. Sie haben ja recht. Mister Edwards Bericht ist schon ein bißchen, hm, optimistisch ...«

»Optimistisch? Das ist der pure Hohn! Dagegen müssen wir etwas tun, Sir! Gleich! Gehen Sie hin zu der Zeitung! Und schleifen Sie diesen Edwards noch einmal an die Docks – diesmal ohne Voranmeldung!« Ada hatte nicht vor, sich zu beruhigen. Sie sehnte sich nach Jules. Der hatte vielleicht nicht den Einfluß und die Möglichkeiten eines Lord Lambourne, aber er konnte wenigstens aus ganzem Herzen zornig sein.

Am Abend schrieb sie eine flammende Rede und hielt sie ein paar Tage später in der Royal Albert Hall. Der Saal war bis auf den letzten Platz gefüllt. Damen der Gesellschaft, Kavallerieveteranen, Jagdreiter, Gespannführer und nicht zuletzt Politiker und Pressevertreter waren gekommen, um Ada und ihre Mitstreiter anzuhören. Lord Lambourne begrüßte in seiner Eröffnungsrede die Vertreter von einundzwanzig verschiedenen Pferdeschutzorganisationen. Zu Adas Überraschung fand er deutliche und harte Worte: »Diese Pferdetransporte sind eine Schande – für alle daran Beteiligten, aber auch für das englische Volk und die Regierung, die sie duldet!«

Möglicherweise hatte ihn eine Karikatur aus der satirischen Zeitschrift ›Punch‹ ermutigt. Der Zeichner bildete ein altes, britisches Pferd ab, das seine Zollerklärung im Hafen von Antwerpen abgab: »Ich erkläre mich beschämt für mein Land!«

Dann war Ada an der Reihe. Sie betrat das Podium gemeinsam mit einem Journalisten und bat zunächst um Aufmerksamkeit für Mr. Wigley. Der Reporter und Photograph war ihr bei den Vorbereitungen des Treffens ein treuer Begleiter gewesen. Er hatte mit ihr die Häfen inspiziert und folgte Jules Ruhl in die Schlachthöfe. Nun schilderte er seine Eindrücke und gab dann das Wort an Ada. Ada trat vor das Mikrophon. Während sie einige Sekunden wartete, bis vollkommene Stille eingetreten war, ließ sie den Blick über die Menschen im Saal schweifen. Mrs. Lumley-Holland winkte ihr vom Tisch ihrer Gesellschaft zu, und Violet English, eine befreundete Tierschützerin, machte das Siegeszeichen. Jules Ruhl saß in der ersten Reihe und nickte ermutigend.

»Ich wünschte«, sagte Ada in ihrer langsamen, getragenen Sprechweise, »Sie könnten diese alten, englischen Pferde sehen. Sie könnten beobachten, wie sie auf der Rampe fallen, wie sie aufgereiht am Kai stehen, jeweils zu dritt aneinander gebunden, und wie sie dann über die Straßen von Antwerpen zum Schlachthof wanken. Sie sollten sehen, wie sie niederbrechen, wie man dann Ketten um ihre Beine windet und sie daran in die Schlachterkarren zerrt. Am liebsten würde ich Sie alle einmal mit in die Schlachthöfe nehmen und Ihnen zeigen, wie die Pferde zurückschrecken, wenn man ihnen die Axt gegen die Schläfe schlägt oder das Messer in die Brust stößt. Ich wünschte, Sie könnten sehen, wie sie zu Boden fallen, sich wieder hochkämpfen, während ihr Blut fließt, immer und immer wieder, minutenlang. Schließlich zuckt nur noch der Schweif des Pferdes, bis es endlich stirbt.

Ich verstehe, daß Sie all das nicht sehen wollen. Aber wenn ich es Ihnen einmal zeigen könnte, Ihnen und allen anderen Menschen in England, so würden Sie mir sicher zustimmen: Wir können den Belgiern nicht vorschreiben, wie sie ihre eigenen Pferde töten. Aber unsere englischen Pferde werden wir nicht mehr zu einem solchen langen, furchtbaren Tod verurteilen!«

Die Zuhörer applaudierten Ada begeistert, aber bei der anschließenden Diskussion kamen auch kritische Stimmen auf.

»Eine Frage, Miss Cole«, meldete sich ein hochgewachsener, eleganter Herr. »Sie wehren sich gegen Schlachtpferdetransporte. Ist es Ihr Wunsch, daß wir alle ausgedienten Pferde durchfüttern, bis sie eines natürlichen Todes sterben?«

Ada fixierte den Mann vom Podium aus. Irgendwie kam er ihr bekannt vor, aber sie wußte nicht recht, wo sie ihn schon einmal gesehen hatte. Egal. Sie hob den Kopf und begann eine vorsichtige Antwort. »Nun, Sir, das ist eine Frage der Formulierung. Wenn Sie mich persönlich fragen, ob dies mein Wunsch sei, so muß ich antworten: Ja. Ja, ich wünsche mir eine Welt, in der die Menschen ihre Pferde lieben und bei sich behalten, wenn sie alt werden. Ich wünsche jedem Pferd einen gnädigen Tod auf der eigenen Weide, wenn auch nicht unbedingt einen natürlichen Tod. Sofern das Tier krank oder verletzt ist, wird jeder vernünftige Besitzer es rasch erlösen lassen, sei es mit Hilfe einer Kugel oder eines Bolzenschußapparates.

Wenn Sie mich aber fragen, wofür ich kämpfe, dann antworte ich anders. Als Realistin kann es nicht mein Ziel sein, jegliche Schlachtung von Pferden zu verhindern. Nicht jeder kann oder will sein altes Pferd behalten: dem einen fehlt das Geld es durchzufüttern, dem anderen auch einfach das Herz und die Liebe zu seinem alten Freund. So arm und so herzlos sollte aber keiner sein, daß er sein altes Pferd über den Kanal verschachert und bei lebendigem Leibe abstechen läßt!«

Das Publikum applaudierte begeistert, aber Ada war noch nicht fertig. »Ginge es um meine Wünsche, Sir, so würde ich Sie und meine anderen Freunde hier um Geld für ein Altersheim für Pferde bitten. Für einen Hof mit sauberen Ställen und Weiden mit Apfelbäumen darauf. Da es aber um Realitäten geht, sammele ich für einen anderen Zweck. Ich bitte um Ihre Spende für einen Schlachthof, meine Damen und Herren! In Lincolnshire soll ein Schlachthaus entstehen, in dem Pferde auf gnädige, schmerzlose Weise getötet werden. Wir werden Männer in der Handhabung des Bolzenschußapparates schulen, und wir werden das Fleisch der Pferde nach Belgien schicken! Wir werden diese Pferde schlachten, meine Damen und Herren, aber ohne ihnen vorher ihre Würde zu rauben, ihren Mut, ihr Herz und ihr Vertrauen!«

Ada hörte den tosenden Beifall, das Klatschen und Rufen der Menschen wie von fern. Dieses Publikum hatte sie gewonnen – auch für die etwas ungewöhnliche Idee, sich als Tierschützer selbst unter die Pferdehändler und Schlachter zu begeben. Der Schlachthof in Lincolnshire würde gebaut werden. Aber Ada war müde, so müde, und sie hätte so viel lieber die Farm mit den Apfelbäumen gehabt ...

Jules führte sie durch die Menge.

»Wer war der Mann, der sein Pferd nicht durchfüttern wollte?« fragte Jules. »Er sah nicht gerade aus als könne er sich kein Heu leisten!«

Ada zuckte die Schulter, aber Lord Lambourne, der sich hinter ihnen herausdrängte, wußte die Anwort.

»Captain Robert Gee, konservatives Parlamentsmitglied. Ganz großer Kriegsheld, schneidiger Jagdreiter. Wenn Sie mich fragen, hat bei dem noch nie ein Hunter bis zur Pensionierung überlebt. Vorher brechen sie sich die Knochen auf den Hindernisstrecken. Ich kann den Kerl nicht ausstehen! Aber Ihr Verhalten war trotzdem unklug, Miss Cole. Sie haben dem Mann vor der halben Stadt deutlich gemacht, er habe kein Herz. Womöglich nimmt er Ihnen das übel.«

»Womöglich?« lachte Jules. »Sie neigen scheinbar etwas zu Untertreibungen! Denn es kann noch schlimmer kommen: Womöglich steht morgen in der Zeitung, der Mann habe kein Herz!«

Im Namen der Pferde

Die Zeitungen verzichteten darauf, den Einwurf von Captain Robert Gee zu erwähnen. Die meisten Journalisten feierten den Tierschutzkongreß als gelungene Veranstaltung und stellten Ada als mitreißende Rednerin heraus. Die Versammlung endete mit der Verabschiedung einer Resolution, in der endlich eine Exportsteuer auf lebende Pferde gefordert wurde.

Obwohl das Parlament nicht reagierte, traf der Vorschlag der Tierschützer auf breite Zustimmung in ganz England. Die Gemeinde- und Stadträte verschiedener Ortschaften erließen Ausfuhrverbote für alte und kranke Pferde. Die Tiere sollten vor Ort geschlachtet werden, und zum Teil mußten sich die Besitzer verpflichten, sich persönlich von der Tötung zu überzeugen. Natürlich konnten diese Bestimmungen leicht unterlaufen werden, aber sie setzten Zeichen. Die öffentliche Meinung war auf Seiten der Tierschützer.

Im Rahmen dieser Entwicklung gelangte Ada zu einer gewissen Berühmtheit als Rednerin. Sie sprach bei verschiedenen Tierschutzkongressen und wurde häufig zu den Teegesellschaften der Reichen geladen. Die Notiz »Miss Ada Cole wird sprechen« auf der Einladungskarte garantierte im Sommer 1921 den Erfolg einer solchen Veranstaltung.

Ada nahm ihren neuen Ruhm gleichmütig hin. Einerseits freute sie sich über die wachsende Popularität ihres Anliegens, andererseits hegte sie ein bißchen den Verdacht, ihren Zuhörern ginge es weniger um Tierschutz als um das ›wohlige Schaudern‹ bei der Schilderung der Schlachthäuser. Immerhin kamen durch Adas Reden eine Menge Spenden für den Kampf gegen die Schlachtpferdetransporte zusammen. Das war wichtig, denn Adas Ersparnisse waren so gut wie aufgebraucht. Die letzten hatte der Bau des Musterschlachthofes in Lincolnshire verschlungen. Nun wurde neues Geld gebraucht: Ada und ihre Freunde planten Inspektionen in englischen Häfen, um Lionel Edwards Artikel zu entkräften.

Mrs Lumley-Holland, Adas alte Freundin, stiftete das Geld für eine Plakatkampagne, und Ada beschloß, neue Wege zu gehen. Bis jetzt hatte sie mit der Macht des Wortes versucht, die Menschen zu überzeugen, aber nun wuchs eine neue Generation heran, für die Photographien und Filme selbstverständlich geworden waren. Auf fast jeder Visitenkarte prangte die Photographie ihres Besitzers, in jeder Kleinstadt eröffneten Kinos, und erste Kleinkameras ermöglichten Laien das Photographieren als Hobby. Zeitgemäße Kampagnen brauchten die Macht des Bildes.

Ada illustrierte ihre Plakate mit konkreten Transport- und Schlachthofszenen. Sie bildete Pferde ab, die auf der Schiffsrampe zu Tode getrampelt wurden und zeigte die blutigen Hufspuren ihrer Leidensgenossen. Dazu entschied sie, die Pferde sprechen zu lassen. Das meiste Aufsehen erregte das Poster, auf dem ein altes Kavalleriepferd um Gnade bat: »Nach allem, was ich für Englands Sieg getan habe – schickt mich nicht in die Pferdehölle jenseits des Kanals!«

Die Plakataktion brachte Ada und die RSPCA ins Gespräch – aber sie wurde nicht ausschließlich positiv aufgenommen. Während sich die Bevölkerung beeindrucken ließ, bezichtigten Politiker und Journalisten die Tierschützer der Agitation und der Vermenschlichung der Tiere.

»Bei allem Respekt für Miss Coles ehrenvolle Absichten«, kommentierte ein Londoner Redakteur, »sollte doch nicht vergessen werden, daß es sich hier um Tiertransporte handelt. Schlachtvieh kann nun einmal nicht den Reisekomfort einer Luxuskabine beanspruchen – das gilt für Pferde ebenso wie für Schweine und Rinder. Die modern eingerichteten Transportschiffe garantieren den Tieren einen sicheren Stand, für Futter und Wasser ist gesorgt, der Weitertransport der Pferde im Bestimmungsland geschieht mit erhöhter Umsicht. Natürlich ist das Ende im Schlachthof blutig, aber welche Schlachtung wäre das nicht?«

Ada konterte mit konkreten Berichten von Schlachthöfen in Holland und Frankreich, besonders aus Vaurirard, dem großen Schlachthaus bei Paris. Zeitungen wie der Manchester Guardian druckten ihre Artikel, und andere, wie die Londoner Morning Post, schickten eigene Korrespondenten.

»Die Zustände hier würden jedem normalen Menschen Alpträume verursachen!« schrieb ein Berichterstatter.

Auch der britische Landwirtschaftsminister sandte wieder einmal eine Untersuchungskommission. Zwar hatte er schon Ende 1921 erklärt, er sehe keine Spielräume für weiteres Handeln, aber nun beugte er sich dem Druck der Öffentlichkeit. Erstaunlicherweise erschlossen sich seinen Beobachtern keine Horrorszenarien.

»Kein Wunder,« kommentierte Jules Ruhl, der Ada und zwei weitere Inspektoren der RSPCA erneut in Belgien begrüßte. »Die kündigen ihr Kommen mindestens drei Tage vorher an. Ist doch klar, daß dann ein Großreinemachen einsetzt und eine hektische Suche nach den Bolzenschußapparaten, die England so großmütig gespendet hat!«

Diese Aktion einiger britischer Pferdefreunde hatten alle Kenner der Szene mit Bitterkeit zur Kenntnis genommen. Ein paar rührige Tierschützer verehrten dem Schlachthof Vaurirard unter großer Anteilnahme der Presse vierzehn Bolzenschußapparate. Die Schlachter nahmen sie dankbar entgegen, packten sie weg und griffen wieder zum Messer. Nach wie vor wünschten sich die Konsumenten helles Fleisch.

»Wir müssen uns in Zukunft auch anmelden«, meinte Ada müde. Ihre erneute Reise nach Belgien war die Folge einer offiziellen Bestallung als Tierschutzinspektorin durch die RSPCA. Sie sollte von nun an ein kleines Gehalt beziehen und sich hauptberuflich um Informationen aus den Schlachthäusern kümmern.

Der Fahrt nach Belgien war eine scharfe Auseinandersetzung mit Lord Lambourne vorausgegangen.

»Was soll ich denn im Schlachtbereich noch Neues herausfinden?« fragte Ada erstaunt, nachdem der Lord ihr den Auftrag erteilt hatte. »Ich kenne inzwischen so ziemlich jeden Stein in Vaurirard.«

»Miss Cole ...« Lord Lambourne war sichtlich nervös. »Die Regierung erkennt Ihre bisherigen Ergebnisse nicht an. Sie ist nur bereit, auf offizielle Berichte zu reagieren: das heißt, es müssen mehrere Zeugen anwesend sein, und die Inspektionen der Schlachthöfe müssen angemeldet erfolgen!«

»Aber das ist doch Unsinn!« erregte sich Ada. »Wir haben tausend Beweise dafür, daß angemeldete Inspektionen zu völlig anderen Ergebnissen kommen wie überraschende. Und was soll das heißen, es müssen Zeugen dabei sein? Hält man Monsieur Ruhl und mich für so unglaubwürdig?«

»Mr. Ruhl ist Ausländer. Und was Sie angeht ... nun, man hält Sie nicht gerade für unglaubwürdig, aber doch für etwas, hm, emotional.« Lord Lambourne duckte sich leicht in Erwartung des folgenden Ausbruchs.

»Emotional?« explodierte Ada, »Man hält mich für emotional? Nachdem ich Dutzende Male diese Hölle von Vaurirard angesehen habe, ohne eine Träne zu vergießen? Nachdem ich in Lincolnshire ein Schlachthaus gebaut habe? Sir, ich will nicht ausfallend werden, aber ich habe in Belgien manchen hartgesottenen Journalisten grün werden und hinter einer Ecke verschwinden sehen!« Ada blitzte den Lord an.

»Darum geht es nicht, Miss Cole, und ich erkenne Ihre Verdienste ja durchaus an. Aber die Presse und die Politiker – die sehen Sie in erster Linie als Frau, und Frauen sind eben ...«

»Emotional, ich verstehe. Unfähig zu realistischem Denken und beherrscht von ihren Gefühlen und Stimmungen ... Mylord, diesen Unsinn habe ich schon gehört, als ich mit den Suffragetten im Hyde Park demonstrierte!« Ada stand auf und wanderte wütend im Zimmer herum. »Erstaunlicherweise fällt Männern so etwas nur ein, wenn wir ihre ach so realistischen Einschätzungen nicht teilen! In Belgien hatte keiner meiner Schützlinge einen Einwand, von einer Frau gerettet zu werden!«

»Miss Cole, so kommen wir doch nicht weiter ...«

Lord Lambourne seufzte. »Wir müssen uns den Wünschen der Regierung nun mal fügen. Wenn Sie den Auftrag nicht annehmen, werde ich jemand anderen nach Belgien schicken.«

»Letztlich habe ich dann klein beigegeben«, berichtete Ada Jules, während die anderen britischen Inspektoren ihr Gepäck ausluden. »Was sollte ich auch sonst machen? Hätte ich ›nein‹ gesagt, dürften Sie sich jetzt mit einem totalen Anfänger herumschlagen: Keine Ahnung, aber männlich. Und womöglich genauso naiv wie dieser Lionel Edwards!«

»Selbstverständlich konnten Sie nicht ablehnen. Und außerdem freue ich mich über Ihr Kommen. Es ist zwar wieder ein trauriger Anlaß, aber ich bin trotzdem glücklich, Sie zu sehen!« Jules legte tröstend die Hand auf ihren Arm. Ada brauchte offensichtlich Zuspruch. Sie sah schlecht aus, abgemagert und nervös. Jules brachte die RSPCA-Mitglieder möglichst schnell in ihre Hotels und führte Ada in eines ihrer Stammcafés.

»Wir werden uns eben sehr ... unauffällig anmelden«, meinte er augenzwinkernd, als die Rede erneut auf die sinnlosen Auflagen für die englischen Inspektoren kam. »Auch in französischen Ministerien sitzen Pferdefreunde ... Lassen Sie mich nur machen! Aber nun erzählen Sie, Ada: Was ist los, warum sind Sie so mutlos? Wir kommen doch ganz gut vorwärts in der letzten Zeit!«

Ada wandte ihm ein bleiches, schmales Gesicht zu, und er blickte in glanzlose Augen. »Wir kommen hervorragend weiter: immer einen Schritt vorwärts und einen zurück! Ich bin es so leid, Jules! Diese ewigen Berichte, Inspektionen, Berichte, Inspektionen ... Mein

Gott, ich habe genug Schlachthöfe gesehen für dieses Leben! Warum muß ich noch einmal nach Vaurirard? Und das ist ja noch nicht alles. Die RSPCA streicht mir die Gelder, Jules! Alles was wirklich etwas bringt – die Plakate, die Flugblätter mit Schlachthofberichten – schadet angeblich unserem Leumund und wird nicht mehr finanziert. ›Wir wollen mit den offiziellen Stellen zusammenarbeiten, und Ihre Aktionen stören das Verhältnis zur Regierung!‹ Das muß ich mir sagen lassen, Jules, nach all den Jahren Kampf!«

»Aber Lord Lambourne war doch immer für uns!« wunderte sich Jules. »Warum macht er auf einmal einen Rückzieher?«

»Lambourne ist da nicht die treibende Kraft. Das sind eher Leute aus dem Umfeld der Ministerien: ›Realisten‹!« Ada spuckte das Wort aus. »Hier ...« Sie entfaltete eine Zeitung. »›Export von Schlachtpferden ist nun mal ein Wirtschaftsfaktor – es wäre unrealistisch und ein Eingriff in die Gesetze der Marktwirtschaft, wollte man ihn vollständig zum Erliegen bringen. Natürlich sind wir Engländer keine Unmenschen: Selbstverständlich soll Verschiffung, Weitertransport und möglichst auch die Tötung der Tiere unter humanen Bedingungen erfolgen. Dies wird durch unsere Gesetzgebung gewährleistet und durch Inspektoren der Regierung ständig überwacht. Mehr kann niemand verlangen.‹ Da hören Sie's!«

Mit zitternden Händen schob Ada Jules die Zeitung herüber.

Jules nahm sie nicht, sondern ergriff Adas Hand. »Aber Ada, wo bleibt Ihr Kampfgeist? Die Leute, die das schreiben, sprechen im Namen der Marktwirtschaft. Wir sprechen im Namen der Pferde! Und im Namen der Pferde müssen Sie mehr verlangen!« Sehr behutsam strich er über ihre Finger und suchte ihren rastlosen Blick. »Morgen, Ada, gehen wir zu den Docks. Und dann nach Vaurirard. Wir haben das so oft geschafft, wir schaffen es auch diesmal!«

Die Schlachthofleitung war überrascht, aber Jules hatte den Durchschlag eines Briefes, mit dem er seine Delegation vor einer Woche angemeldet hatte. Man ließ die Inspektoren eine Stunde warten, aber dann fand sich das Original. Eine blasse Schreibkraft erklärte, das Schreiben gleich nach dem Eintreffen vorgezeigt und dann abgeheftet zu haben. Irgendwie mußte es den Verantwortlichen entgangen sein ... Die Frau sah nervös zwischen ihrem Vorgesetzten und Jules hin und her. Sicher erwartete sie gleich eine Strafpredigt.

»Isabell Poitiers, Mitglied des hiesigen Tierschutzvereins«, flüsterte Jules Ada zu, als sie dann, mit hochoffizieller Erlaubnis, den Schlachthof betraten, »sie hatte ein Pony, als sie klein war ...«

Die Zustände in Vaurirard waren nicht so furchtbar wie sonst – immerhin waren die Schlachter seit einer Stunde gewarnt –, aber es floß doch noch genug Blut aus den Adern lebender Pferde, um die neuen RSPCA-Inspektoren erbleichen zu lassen. Jules hielt Adas Hand, als sie das Inferno durchschritten. Sie klammerte sich fest. Es war Zeit für ein bißchen Halt ...

Nach den Inspektionen in Frankreich begleitete Jules Ada zurück nach Antwerpen. Den Abend vor ihrer Abreise verbrachten die beiden zusammen mit ihrem alten Freund Jean Pathé Frère.

»Warum zeigt ihr den Film eigentlich nicht häufiger?« fragte Pathé und entkorkte eine Rotweinflasche. »Heute ist doch ein Kino an jeder Ecke, und die Leute wollen Blut sehen, das zeigt der Erfolg von Adas Plakaten!«

»Soviel Blut?« fragte Ada skeptisch. »Meinen Sie nicht, das würde die Menschen zu sehr schockieren?«

»Ach Unsinn! Wenn man was erreichen will, kann man gar nicht genug schockieren! Die Zeiten haben sich geändert, Ada! Im Krieg haben wir alle gelernt, Blut zu sehen! Heute gucken die Leute nicht mehr bei jeder Gelegenheit schamhaft weg. Nicht einmal die Damen werden mehr rot, wenn ein Herr ihre Hand hält – also gewöhnen Sie sich das ab, Miss Cole, bei mir sind Sie nicht im Kloster!« Lächelnd wies Pathé auf Adas und Jules ineinander verschränkte Hände. Die beiden hatten erneut nacheinander getastet, als sie Pathés neueste Fotos von den Docks ansahen. Die Photographie entwickelte sich in rasantem Tempo, und Frères Bilder wurden immer klarer und aussagekräftiger. »Irgendwann werden wir auch in Farbe photographieren«, meinte er hoffnungsvoll.

Ada und Jules lächelten verlegen. Aber sie ließen einander nicht los, und als Jules Ada schließlich nach Haus brachte, nahm er sie vor der Gartenpforte zum Konvent in die Arme.

»Du hast allen Mut, den du brauchst«, sagte er sanft, »Und ich bin immer bei dir, ich denke an dich, vergiß das nie!«

»Es macht mir manchmal angst, wie ich an dich denke«, flüsterte Ada. »Ich bin eine Frau über sechzig, aber bei dir fühle ich mich wie ein junges Mädchen.«

Jules lächelte. »Warum solltest du auch nicht? Denk an Jeans viele Facetten der Wirklichkeit! Schau mal!« Er ließ Ada los und zog seine Brieftasche heraus. Aus einem der verstecktesten Fächer zog er die Photographie, die

Jean bei ihrem ersten Treffen von Ada gemacht hatte. »So denke ich an dich ...«

»Ich hätte auch gern ein Bild von dir«, sagte Ada. Sie sah zu ihm auf und versuchte sich sein Gesicht einzuprägen: die freundlichen Augen, die breiten Brauen, das energische Kinn und die etwas fleischigen Wangen. Aber später erinnerte sie sich nur an die flüchtige Berührung seiner Lippen ...

»Dies ist nicht der erste Bericht, auch nicht der zweite oder dritte!« Ada Cole stand hoch aufgerichtet vor der Mitgliederversammlung der RSPCA, zeigte einen Ordner mit dem Report ihrer letzten Schlachthofinspektion und sprach mit lauter und klarer Stimme. »Seit 1911 schreibe ich Berichte, Petitionen, Aufrufe, aber wenn ich die Schlachthöfe besuche, sehe ich stets das gleiche, blutige Bild. Nun muß endlich etwas geschehen. Im Namen der Pferde fordere ich ein Ende dieser schändlichen Transporte! In diesen Tagen wird ein Film über Schlachtungen auf dem Kontinent in zahlreichen englischen Kinos gezeigt. Die Menschen sollen sehen, was unsere Politiker nicht sehen wollen. Das Volk soll entscheiden und wird entscheiden: Keine englischen Pferde mehr für Vaurirard!«

Der Beifall kam etwas verhalten, als Ada vom Podium trat.

Lord Lambourne hielt sie gleich an der Treppe auf.

»Miss Cole, so geht das nicht. So etwas müssen Sie mit uns abstimmen!«

»Was muß ich mit Ihnen abstimmen? Der Film ist da, ich bin im Besitz des Films, und die Filmtheater zeigen ihn gern. Warum soll ich also irgend jemanden um Erlaubnis bitten?« Ada ging gelassen weiter.

»Weil man uns letztlich für Ihre Aktionen verantwortlich machen wird! Sie wissen, Miss Cole, ich bin auf Ihrer Seite, aber diese Radikalität... Wir müssen aufklären, nicht schockieren!« Lord Lambourne lief neben ihr her.

»Dann geben Sie mir auch Geld für die Aufklärung! Die RSPCA hat den Etat für den Pferdeschutz schon wieder gekürzt. Und das Geld, das wir haben, verplempern wir für Bolzenschußapparate für Vaurirard und sinnlose, ›offizielle‹ Inspektionen. So kommen wir nicht weiter, Sir!«

»Miss Cole, überspannen Sie den Bogen nicht! Bisher sind die Politiker für uns – sie sehen vielleicht keinen unmittelbaren Handlungsbedarf, aber sie stehen der Sache wohlwollend gegenüber. Das kann sich ändern, wenn wir sie zu oft angreifen, Miss Cole!«

Ada blieb stehen und sah kampflustig zu ihm auf. »Vom Wohlwollen unserer Politiker können die Pferde sich nichts kaufen! Die verrecken da drüben, Mylord, jämmerlich! Und jedes weitere Pferd, das diese Transporte antritt, ist eins zuviel! Hier haben Sie Ihren Bericht, Sir!« Ada drückte dem verblüfften Lambourne ihren Aktenordner in die Hand und rauschte hinaus.

Der Lord sah ihr verblüfft nach. Wo war die etwas starrköpfige, aber doch besonnene Lady geblieben? Adas aufmüpfiges Verhalten machte ihn nervös, und er befürchtete negative Folgen.

Ada und ihre Freunde hatten mit Gegenreaktionen gerechnet, als sie Jean Pathé Frères alten Film in die Kinos brachten. Einige der Szenen zeigten Transportbedingungen, die inzwischen entschärft waren; man konnte also mit Recht argumentieren, der Film wäre veraltet.

Zudem floß an manchen Stellen wirklich viel Blut, und sicher würde sich so manche Zeitung darüber erregen, daß man Frauen und Kinder damit konfrontierte. Ada bereitete sich auf Erklärungen zu diesen und ähnlichen Vorwürfen vor und erwartete Interviews und Einladungen zu Diskussionsveranstaltungen.

Auf eine Attacke aus dem Parlament waren die Tierschützer jedoch nicht vorbereitet. Starr vor Schreck lasen sie am 18. 11. 1925 Auszüge aus einer Rede, gehalten von Captain Robert Gee am Tag zuvor: »Wir haben es mit den Auswüchsen einer sogenannten Tierschutzkampagne zu tun, die schon lange nicht mehr zu tolerieren sind! Zum Teil beruht dieser Film auf Zuständen, die lange beseitigt sind, zum Teil auf glattem Lug und Betrug. Hier meine Herren, habe ich die Berichte zweier belgischer Schlachter. Die Männer sind namentlich bekannt, und sie versichern, von den Produzenten dieses Films bezahlt worden zu sein. Sie wurden dafür entlohnt, ein Pferd mit dem Messer grausam hinzurichten. Speziell für diesen Film, meine Herren! Es ist Zeit für die Regierung, diese Praktiken aufzudecken und an den Pranger zu stellen! Die Verbreitung solcher verlogener Filme, Reden, Plakate und unhaltbarer Behauptungen muß verboten werden! Die Verantwortlichen haben sich von den Spenden gutherziger und gutgläubiger Bürger lange genug ein schönes Leben gemacht!«

»Wie kommt er dazu, so etwas zu behaupten?« fragte Ada verzweifelt. »Warum macht er das? Ich weiß, er kann mich nicht leiden, aber das hier ist doch mehr als ein persönlicher Angriff! Damit gefährdet er die Arbeit von Jahren ... Und nicht nur meine!«

»Ich behaupte mal, das ist ihm gänzlich gleichgültig!« erklärte Mrs. Lumley-Holland. Adas engagierte Freundin hatte die wichtigsten Pferdeschützer sofort zu einer Krisensitzung in Wilton Crescent zusammengerufen. »Ein widerlicher Mensch. Natürlich ein Kriegsheld, aber wir wissen ja alle ...«

»Sie wissen und ich weiß«, korrigierte Lord Lambourne und wanderte ruhelos in Mrs. Hollands Salon herum. »Aber das Volk da draußen weiß gar nichts. Die Leute halten Gee für einen ehrenwerten Mann, und es wird verdammt schwer sein, seine Worte zu entkräften!«

»Nun gibt es ja Zeugen in Massen, die belgische Metzger in Aktion gesehen haben«, versuchte sich Ada zu beruhigen. »Captaine Fairholme, Chief-Inspector Butcher, Mr. Harrison-Browne ... die können alle vor dem Parlament oder vor Gericht für uns aussagen. Und Jules Ruhl natürlich ...«

Ada hielt sekundenlang inne und dachte an Jules kräftige Hand in der ihren. Es wäre gut, ihn jetzt bei sich zu haben ... Dann zählte sie weiter auf: »All die Reporter, die Photographen und Zeichner ... es gibt so viele Photos ...«

Lambourne schob das alles mit einer Handbewegung beiseite. »Darum geht es gar nicht, Miss Cole. Selbstverständlich können wir die Behauptungen dieses Herrn jederzeit entkräften. Dieser Fall kommt nie im Leben vor Gericht! Aber nichtsdestotrotz stehen die häßlichen Vorwürfe im Raum. Das Volk hat sie gehört, und es ist verunsichert. Sie selbst wissen doch wohl am besten, wie leicht man die öffentliche Meinung manipuliert!«

Ada fuhr zusammen, als hätte er sie geschlagen. »Es tut mir leid, Sir. Vielleicht hätte ich das mit dem Film wirklich lassen sollen.«

Lambourne winkte ab. »Ach, vergessen Sie es. Ich

entschuldige mich. Meine letzte Bemerkung war unfair. Kein Mensch konnte diese Verleumdungskampagne voraussehen – dieser Gee hatte uns auf der Abschußliste, ob mit oder ohne Film ... Jetzt müssen wir sehen, wie wir zurückschlagen ...«

Lord Lambourne forderte Gee auf, seine Anschuldigungen bei einem öffentlichen Treffen in Westminster zu wiederholen. Zudem leitete er eine Verleumdungsklage gegen ihn ein.

»Wo ist der Kerl?« Lord Lambourne zog zum fünften Mal in der letzten Viertelstunde seine Taschenuhr. Gemeinsam mit Ada und einigen anderen Zeugen der Schlachtpferdetransporte wartete er seit einer halben Stunde auf Captain Robert Gee. Auch im Publikum wurde es langsam unruhig. Viele Zeitungen hatten ihre Vertreter geschickt, um über das Streitgespräch zwischen Gee und den Tierschützern zu berichten, und die Verzögerung ärgerte die Journalisten.

»Ich gehe jedenfalls gleich aufs Podium und halte meine Rede«, erklärte Ada und spielte nervös mit ihrem Schal. Sie trug ein dezentes, aber durchaus modisches blaues Kleid und wirkte sehr seriös und respektabel. Trotzdem fragte sie sich bei jedem Blick in den Spiegel, ob die Leute nicht denken würden, sie hätte ihr Kleid und ihren wenigen Schmuck aus Spendengeldern der RSPCA finanziert ... »Wenn Gee nicht kommt, ist das doch ein Schuldeingeständnis! Ich lege jetzt erst mal unseren Standpunkt offen.«

Ada tat ihr Bestes, die Reporter zu überzeugen. Sie stellte ihnen ihre Zeugen vor, wobei sie deren sämtliche Ämter und Reputationen, ihre Kriegsauszeichnungen, Orden und Ehrenpreise herunterbetete. Zusammen brachten sie es sicher auf mehr Ehrungen als Captain Robert Gee! Lord Lambourne, Captain Fairholme, Chief-Inspector Butcher und der Journalist Mr. Wigley berichteten noch einmal von ihren Erfahrungen in Frankreich und Belgien, und Ada äußerte sich zu Gees Vorwürfen.

»Captain Gee behauptet, wir hätten belgische Metzger bestochen. Aber wo sind diese Metzger? Heute wollten wir ihn bitten, die angeblich vorliegenden Namen zu nennen. Wir von der RSPCA, und sicher auch Sie, meine Freunde von der Presse, wären dann der Sache nachgegangen. Aber Captain Gee wagt nicht, uns vor Augen zu kommen, weder mir noch Ihnen! Ich bitte Sie im Namen der Pferde: Lassen Sie diese Angelegenheit nicht im Raum stehen! Sprechen Sie den Herrn darauf an, sobald er wieder auftaucht. Sprechen Sie ihn im Parlament an oder in seinem Club. Falls Sie das nicht tun, werde ich es tun – und wenn ich mich vor seinem Haus anketten lassen müßte!«

Die Journalisten lachten über ihre flammende Rede und applaudierten der streitbaren kleinen Dame auf dem Podium. Sie wären mehr als bereit gewesen, Captain Robert Gee ins Kreuzfeuer zu nehmen, aber wie es sich zeigte, blieb der Mann nicht nur an diesem Tag verschwunden. In den nächsten Monaten erschien Gee weder in seinem Club noch bei den Parlamentssitzungen. Er war wie vom Erdboden verschluckt!

So blieb der Vorwurf gegen die Tierschützer vorerst ungeklärt.

Ada verbrachte die nächsten Wochen und Monate mit rastlosen Bemühungen, ihre Reputation wieder herzustellen. Sie rechtfertigte sich in zahllosen Briefen und Artikeln und versuchte, die Zeitungen zu ihrem

Abdruck zu bewegen. Leider erfuhr sie nur allzuoft Ablehnung. Spätestens nach dem geplatzten Treffen mit Gee war das Thema ›Schlachtpferdetransporte‹ für viele Zeitungen ausgereizt, und auf keinen Fall mochte man sich auf die Seite einer Frau stellen, die womöglich nicht sauber war . . .

Sogar in der RSPCA munkelte man über Adas Aktionen und ihr Einkommen. War vielleicht doch etwas dran an der Veruntreuung von Spendengeldern? Reiste Ada wirklich so oft nach Belgien, um Schlachtpferdetransporte zu beobachten, oder machte sie sich dort nur eine schöne Zeit mit ihrer Schwester und den belgischen Freunden? Ada wagte in dieser Zeit nicht, nach Belgien zu fahren oder Jules um einen Besuch in England zu bitten.

Zu allem Überfluß versuchte die RSPCA, ihr Zurückhaltung aufzuerlegen.

»Im Moment tun Sie uns keinen Gefallen, wenn Sie weiter kämpfen, Miss Cole!« redete Lord Lambourne auf sie ein. »Wir tun, was wir können, wir alle in der RSPCA, aber weitere radikale Aktionen können wir uns nicht leisten! Bitte, Miss Cole, seien Sie einmal vernünftig. Sie haben eine Menge erreicht. Aber nun meinen viele Menschen – auch Leute aus unseren Reihen! – Sie schießen über das Ziel hinaus. Die Inspektionen in den Häfen funktionieren hervorragend, die Zahl der Exporte an Schlachtpferden ist in den letzten Jahren dramatisch gesunken. Zudem laufen in Frankreich zur Zeit wieder Demonstrationen zum Gebrauch des Bolzenschußapparates, und diesmal hören die Schlachter zu! Ruhen Sie sich aus, Miss Cole!«

»Du kannst jederzeit zu mir kommen.« Jules ruhige Stimme klang ein wenig verzerrt durch den Hörer. Der Gebrauch des Telefons war für Ada immer noch etwas Besonderes, aber nach der Unterredung mit Lambourne brauchte sie etwas Trost.

»Du könntest auf dieser Seite des Kanals weiterkämpfen, und wir könnten – zusammen sein ...«

»Unsinn, Jules«, wehrte Ada ab. »Wie stellst du dir das vor? Ich gehöre hier hin, hier ist meine Arbeit, hier werde ich gebraucht ...«

»Vielleicht gehörst du zu mir?« fragte Jules leise. »Denkst du noch manchmal an deine Wünsche für dich selbst? An deine Farm mit Pferden und Apfelbäumen? Wir könnten so eine Farm haben ...«

»Ist das ein Antrag, Jules?« Ada lachte nervös. »Willst du mich wirklich in mein Traumland entführen wie der Prinz die Prinzessin? Wach auf, Jules, ich bin fast siebzig Jahre alt!«

»Das allein wäre ein Grund, kürzerzutreten. Wir könnten auf dem Land leben und etwas weniger für den Tierschutz arbeiten. Du würdest mit jedem Tag jünger werden ... Ada, ich ...«

»Nicht, Jules, nicht, hör auf!« Ada unterbrach ihn hastig. »Denk lieber an dein Versprechen. Wir wollten die Schlachtpferdetransporte beenden – kein idyllisches Rentnerdasein auf dem Lande führen. Dieser Kampf ist noch nicht vorbei, und ich lasse mich nicht aufs Abstellgleis schieben! Nicht von der RSPCA, und auch nicht von dir – obwohl unsere Farm sicher das schönste Abstellgleis wäre, das ich mir vorstellen kann!«

Ada ignorierte die Aufforderung Lambournes, sich zurückzuhalten. Allen Argumenten und Anfeindungen zum Trotz schrieb sie weiter und hielt Reden, wo immer man sie ließ. Allerdings zehrte die Aufregung um den Skandal und die verzweifelten Versuche, ihn zu entkräften, weiter an ihrer Gesundheit. Ihre alte, nie ganz ausgeheilte Tuberkulose flackerte erneut auf.

1927 kam es endlich zur Verhandlung der Verleumdungsklage gegen Captain Robert Gee. Einige Monate vorher war der Mann von einem Journalisten aufgespürt worden. Seine plötzliche Abreise hatte ihn nach West Australien geführt, wo er sich um Land zur Ansiedlung und Gründung einer Farm beworben hatte. Zu den Anschuldigungen gegen Ada Cole und ihre Freunde nahm er nun schriftlich Stellung, und sorgte wieder einmal für eine Überraschung. In seinem Brief an den High Court of Justice, Kings Bench Devision nahm er seine Vorwürfe vollständig zurück: »Tatsächlich gibt es keinerlei Beweise für meine damals aufgestellten Behauptungen. Ich habe mich wohl von einem gefälschten Bericht und spontaner Verärgerung über die Präsentation veralteter Filme zu vorschnellen Reaktionen hinreißen lassen. Trotz einiger Meinungsverschiedenheiten in Bezug auf das Verständnis von Tierschutz möchte ich hier betonen, daß die genannte Gesellschaft hervorragende Arbeit geleistet hat. Ihre Vertreter haben niemals Anlaß zu Mißtrauen gegeben.«

Wer hier angeblich Berichte gefälscht und sie Gee zugespielt hatte, warum der Abgeordnete gleich derart drastische Anschuldigungen erhob, und weshalb seine Abreise aus England und sein Abschied aus dem Parlament so überstürzt und ohne Vorankündigung erfolgt waren, blieb ungeklärt.

Die RSPCA feierte ihren Erfolg. Endlich war ihre Ehre wieder hergestellt, und so mancher war entschlossen, dies als Schlußstrich unter dem Kapitel ›Schlachtpferdetransporte‹ zu betrachten.

Aber Ada spielte nicht mit. »Es gibt noch so viel zu tun!« klagte sie gegenüber ihrer treuen Freundin Mrs. Lumley-Holland. »Doch jetzt werden sie mich gänzlich kalt stellen. Der Etat, den sie mir als Beauftragte für den Pferdeschutz zur Verfügung stellen, ist ein Witz!«

Mrs. Lumley- Holland zuckte die Schultern und goß Ada Tee nach. »Na, dann schaffen wir uns doch einen eigenen Etat! Warum gründen Sie nicht eine neue Vereinigung, Ada? Eine internationale Vereinigung zum Schutz der Pferde? Jules Ruhl wird Sie in Belgien unterstützen und Mr. Harrison-Browne in Frankreich. Vielleicht war es ganz falsch, die Verbände in den einzelnen Ländern unabhängig voneinander agieren zu lassen. Gemeinsam sind wir stärker – und über die Verwendung unserer Mitgliedsbeiträge bestimmen wir dann selbst!«

Ada überlegte, aber schließlich nickte sie entschieden. »Genau das ist es! Und ich habe auch schon eine Idee für eine neue Aktion!«

Ada verließ den Vorstand der RSPCA, blieb allerdings Mitglied des übergreifenden Tierschutzverbandes. Die RSPCA trennte sich bereitwillig von ihr und gab ihr drei Monatsgehälter sowie eine kleine Geldspende mit auf den Weg: 200 Pfund, mit denen sie ihr »ehrenhaftes Werk in eigener Verantwortung fortführen« sollte.

1927 gründete Ada Cole die ›International League against the Export of Horses for Butchery‹ – die Internationale Liga gegen Schlachtpferdeexporte. Und wieder erschienen Plakate an englischen Hauswänden – diesmal inspiriert von den Jagdpferden des Captain Robert Gee. Ein alter, magerer Hunter folgte einem Pferdehändler zu den Schiffen – und erinnerte sich an die Tage, in denen er mit seinem stolzen Herrn hinter der Meute galoppierte.

Der Text darunter lautete: »Wenn unsere Pferde wirklich gebraucht werden, um die Nahrungsversorgung auf dem Kontinent sicherzustellen, so sollen sie als totes Fleisch gehen und nicht als lebende Tiere!«

»Wir werden es beenden!«

Die Internationale Liga fand großen Zuspruch unter Adas Freunden und Zuhörern in England und Anerkennung im Ausland. Ada erhielt Einladungen aus Belgien, Frankreich und anderen Staaten. Sie reiste ein weiteres Mal auf den Kontinent, um vor Nationalen Tierschutzkomitees zu sprechen. Natürlich hoffte sie, Jules wiederzusehen, aber zu ihrer Enttäuschung erwartete er sie diesmal nicht an den Docks. Parallel zu Adas Redeterminen fanden in Brüssel verschiedene Aktionen gegen Tierversuche statt, und Jules wurde als Experte gebraucht. Aber vielleicht war es ja sogar gut, ihn nicht zu treffen. Sicher wäre er erschrocken über Adas Aussehen. Sie hatte stark abgenommen und war unendlich müde und erschöpft. In dieser Stimmung würden ihre letzten Barrieren fallen. Sie wollte sich anschmiegen und Trost und Halt suchen, aber dazu hatte sie keine Zeit. Sie brauchte ihre ganz verbleibende Kraft für die Pferde.

So umarmte Ada nur Effie in Paris. Die Schwester leitete dort seit Jahren den Konvent der ›Little Sisters‹ und war unendlich froh, Ada wiederzusehen. In endlosen Gesprächen frischten die Schwestern Kriegserinnerungen auf und sprachen über ihre Kindheit in Croxton Hall.

»Weißt du noch, unsere Verhandlung in Antwerpen?

Wie sich die Leute umdrehten, als wir im Gefängniswagen die Marseillaise sangen?« »Denkst du noch manchmal an unseren Esel, damals in Croxton? Und du hast dir immer ein Pony gewünscht ...«

Die Schwestern fanden mühelos zurück zu dem vertrauten Verhältnis während der Kriegsjahre. Ada verübelte Effie nicht mehr, ins Kloster eingetreten zu sein, und Effie tolerierte Adas Bemühungen um Unabhängigkeit und ihren Einsatz für die Tiere.

Die Tage in Paris boten den Schwestern die letzte Möglichkeit des Zusammenseins. Effie war bereits krank und starb 1928 im Kreise ihrer Ordensschwestern. Niemals hatte sie den Weg zu den »Little Sisters« bereut. Noch in ihren letzten Worten bezeugte sie ihre Liebe zu Gott.

Ada dagegen war dem Katholizismus nicht treu geblieben. Ihre Arbeit für die Pferde und die anderen Aktivitäten der RSPCA fanden erschreckend wenig Unterstützung durch die Kirche, sei es die Englische Hochkirche oder andere Konfessionen. Mitunter erfuhren die Tierschützer sogar eindeutige Ablehnung.

»Es steht dem Menschen nicht an, Tiere mehr zu lieben als seine Mitmenschen!« mußte Ada sich von einem Vertreter der Katholischen Kirche anhören. »Es sind seelenlose Kreaturen, bestimmt, uns zu nähren und uns zu dienen. Wenn diese Pferde letzteres nicht mehr können, ist es ganz vernünftig und gottgefällig, sie ersterem Zweck zuzuführen!«

Ada hatte oft genug ähnliche Diskussionen geführt und war angefeindet worden, weil sie Geld für die Tiere sammelte und ausgab. »Setzen Sie sich lieber für Menschen ein!« war eine oft gehörte Ausrede, nichts für die

RSPCA zu spenden. Ada bezweifelte allerdings, daß die Sprecher selbst sich in einer wohltätigen Organisation betätigten. Nach ihren Erfahrungen bekannten sich die meisten sozial engagierten Menschen auch zum Tierschutz. Die erklärten Feinde der Tierschützer zeichneten sich dagegen häufig durch Egoismus in jeder Richtung aus.

Da die Kirche ihre Arbeit so offensichtlich gering schätzte, hatte Ada sich die regelmäßigen Gottesdienstbesuche abgewöhnt. Statt dessen sah man sie gelegentlich bei Treffen der Theosophischen Gesellschaft, zu der sich auch viele ihrer wohlhabenden Freunde hingezogen fühlten. Die Gruppe war vor etwa fünfzig Jahren von Helena Blavatsky gegründet worden und wurde nun von Annie Besant weitergeführt. Beide Frauen waren schillernde Persönlichkeiten, die spiritistisches Gedankengut mit hinduistischen und buddhistischen Glaubensinhalten verbanden und in ihr ursprünglich westliches Weltbild einzugliedern versuchten. Ihre Theorien waren wissenschaftlich nicht immer haltbar, obwohl sie das für sich beanspruchten, und Ada stand auch den magischen Aspekten ihres Gedankengebäudes etwas skeptisch gegenüber. Ihr gefiel jedoch die Vorstellung, allen Religionen sei ein gemeinsamer, wahrer Kern zu eigen, der letztlich zu einer Weltgemeinschaft ohne Unterschiede des Glaubens, der Nation, des Standes oder Geschlechts führen sollte. Auch fühlte sie sich von der Wiedergeburts- und Karmalehre angezogen.

1927 sprach Annie Besant wieder einmal in London, und Ada folgte der Einladung. Sie fand es schön, zur Abwechslung einmal zu den Zuhörern einer Vortragsveranstaltung zu gehören und danach über spirituelle Dinge und nicht immer wieder über Pferde zu diskutieren.

Sie beugte sich gerade über das vegetarische Buffet – Annie Besant sah Tiere als achtbare Mitgeschöpfe an und hielt nichts davon, sie zu essen – als eine junge Frau sie ansprach.

»Die Vorstellung, wir würden alle wiedergeboren, ist schon faszinierend, finden Sie nicht?« fragte das Mädchen und griff nach einem Gurkensandwich.

»Unter Umständen auch sehr nützlich«, bemerkte Ada. »Ich bin überzeugt, wir hätten erheblich bessere Tierschutzgesetze, wenn die Politiker damit rechnen müßten, beim nächsten Mal als Schwein auf die Welt zu kommen!«

Das Mädchen schaute sie an und schien zu einem Vortrag darüber ansetzen zu wollen, daß die Theosophie keine Wiederverkörperung als Tier annahm. Aber dann sah sie den Schalk in Adas Augen und entschied sich zu lachen.

»Sind Sie nicht Miss Cole, die Dame vom Pferdeschutz?« fragte sie und strich sich eine Strähne ihres halblangen, dunklen Haars aus dem Gesicht. »Ich habe Sie schon mal in der Albert Hall reden gehört, aber ich traute mich nicht, Sie anzusprechen. Sie sahen so müde aus ... Aber jetzt haben wir uns ja gefunden. Ich bin Anne Sarah Baum, aber meine Freunde nennen mich Sadie. Wie kann ich Ihnen helfen?«

Ada musterte sie verblüfft. Ein hübsches, sehr junges Mädchen im geblümten Sommerkleid mit offenem Blick. »Haben Sie es immer so eilig?« fragte sie.

Sadie zuckte die Achseln. »Haben Sie Zeit zu verlieren?«

Ada lächelte.

»Was stellen Sie sich denn vor?« Sie hatte oft mit Leuten zu tun, die spontan ihre Hilfe für die Pferde anboten, aber ebenso schnell wieder verschwanden. Die Erkenntnis, daß Adas Arbeit weniger heldenhafte Aktionen als endloses Briefeschreiben umfaßte, ernüchterte die meisten rasch. Das galt besonders für die magisch angehauchten und oft etwas verträumten Mitglieder der Theosophischen Gesellschaft. »Möchten Sie Ihre medialen Fähigkeiten einbringen oder die Dockarbeiter in Antwerpen an ihr verschüttetes Gefühl für die Verwandtschaft aller Seelen erinnern?«

Ada blickte streng, aber Sadie gluckste vor Lachen.

»Oder können Sie möglicherweise Schreibmaschine schreiben?«

Sadie Baum erschien am nächsten Tag in Adas winzigem Büro in Lincoln's Inn Fields. Mit einem Blick erfaßte sie die alte Schreibmaschine und das Durcheinander aus Plakaten, Flugblättern und Adreßbüchern.

»Sie brauchen eine Sekretärin«, sagte sie kurz und begann sofort, die Dinge zu ordnen. »Ist das Ihr Terminkalender? Vielleicht sollten Sie nicht all die Plakate drauflegen. Die müssen doch bestimmt aufgehängt werden, oder? Nein, das können Sie nicht alles allein machen! Ich gehe gern zu Fuß, und ich kenne mich aus in London!«

Sadie war ein Geschenk des Himmels, auch wenn Annie Besant und die anderen Leute der Theosophischen Gesellschaft das anders ausgedrückt hätten.

»Das Mädchen ist phantastisch! Können Sie es nicht einstellen?« fragte Violet English, Mitarbeiterin des Tierschutzvereins, die ab und zu bei Ada hereinschaute. »Alles aufgeräumt, Plakate verteilt, Bürozeiten und Terminkalender neu organisiert ... und das in einer

Woche! Die Kleine muß Stunden hier verbracht haben. Sie wäre eine hervorragende Sekretärin für Sie, Ada!«

Ada überlegte. Ihr erster Impuls war, nein zu sagen. Die Liga brauchte jeden Pfennig für den Kampf gegen die Schlachtpferdetransporte. Ada selbst bemühte sich, ihren Lebensunterhalt ausschließlich aus den Zuschüssen der RSPCA zu bestreiten und lebte in einem winzigen Ein-Zimmer-Appartement. Und nun sollte sie Sadie ein Gehalt zahlen? Andererseits brauchte sie Hilfe. Seit Jahren investierte sie all ihre Kraft in die Sache der Pferde, aber jetzt wurde es zuviel. Ihre Atemnot, die allabendlich ansteigende Temperatur und die zunehmende Schwäche waren deutliche Zeichen. Ada hatte ihre Tuberkulose nicht mehr im Griff. Wenn die Krankheit wieder einigermaßen unter Kontrolle kommen sollte, mußte sie sich schonen.

»Kommen Sie, Ada«, drängte Violet. »Sie brauchen Sadie! Schon damit das Büro häufiger besetzt ist. Sie selbst hätten viel mehr Zeit zu schreiben, Gespräche zu führen, vielleicht für eine Vortragsreise. Das Geld für eine Hilfe wäre gut angelegt!«

Ada nickte. Das Argument mit der Vortragsreise war nicht von der Hand zu weisen. Sie erhielt jeden Tag Einladungen, aber sie verließ London nur noch selten, um das Büro nicht schließen zu müssen.

»Aber ich habe doch gar keine Erfahrung!« sagte Sadie überrascht, als Ada ihr anbot, für 30 Schilling pro Woche stundenweise auszuhelfen. »Ich weiß gar nichts über die Transporte, auch nicht viel über Pferde... Aber ich liebe sie! Ich habe von einem Pony geträumt, als ich klein war.«

Ada lächelte und räumte ein paar Flugblätter zur Seite.

»Das dürfte genügen. Sie wissen doch, was die Theosophen sagen: ›In unseren Träumen berühren wir höhere Welten!‹«

Sadie grinste. »Also soll ich nun tippen, oder geht es doch um meine medialen Fähigkeiten? Ich warne Sie: Gute Medien haben ganz andere Gehaltsvorstellungen als ich!«

Sadie Baum, damals erst achtzehn Jahre alt, hatte keine übersinnlichen Fähigkeiten, aber sie war eine hervorragende Organisatorin. Vor allem bestach sie durch ihr Geschick im Umgang mit Menschen und bildete damit eine Ergänzung zu Ada. Ada Cole war scharfsinnig, klug und wortgewandt und verfügte über viel Humor. Sie konnte auch durchaus Charme entwickeln, wenn sie Menschen interessant und anregend fand. Zu Geduld und Diplomatie mußte sie sich jedoch zeitlebens zwingen, und mit zunehmendem Alter fiel ihr das immer schwerer. Ada kämpfte mit harten Bandagen – Sadie dagegen setzte ein Lächeln ein. Binnen kürzester Zeit war die junge Frau Ansprechpartnerin für Journalisten und Politiker. Auch die Beziehungen zur RSPCA verbesserten sich erheblich. Die Liga hatte inzwischen Stützpunkte in Frankreich, Belgien, Holland und Deutschland. Sadie hielt Kontakt mit all diesen Zweigstellen – nur Briefe von Jules Ruhl leitete sie ungeöffnet an Ada weiter. Ada fragte sich manchmal, ob ihre Freude beim Anblick der Briefe oder ihr Lächeln beim Lesen sie verraten hatten, oder ob Sadies mediale Fähigkeiten doch besser waren, als sie zugab.

Sadie überredete Ada, ein Kopiergerät anzuschaffen. »Wir könnten die Berichte der verschiedenen Büros für alle Mitglieder kopieren. Es wäre eine richtige kleine Zeitung!«

Ada nickte zuerst etwas müde. Sie war Neuerungen gegenüber nicht mehr so aufgeschlossen wie früher und sparte dazu mit Spendengeldern. Aber dann vertiefte sie sich mit Begeisterung in die Arbeit am ersten Jahresbericht ihrer neuen Organisation. Sie schrieb mehrere Artikel, und der Rundbrief wurde ein großer Erfolg. Die Zahl der Mitglieder in Adas Liga wuchs zusehends. Pferdefreunde in halb Europa engagierten sich für ihre Sache, und Ada hörte erfreut von ihren Versammlungen und ersten Erfolgen. Sadie Baum versuchte gezielt, einflußreiche Männer und Frauen für die Liga zu gewinnen. So sprach sie zum Beispiel Geoffrey Gilbert an, einen Pferdeexperten, der für den Daily Express über Rennsport berichtete. Er hatte eben einen viel beachteten Artikel über das Schicksal nach Belgien importierter Arbeitspferde geschrieben und wurde auf Sadies Drängen aktives Mitglied. Später, nach Adas Tod, sollte er ihren Vorsitz übernehmen.

Ada hielt nach wie vor Reden und Vorträge, aber die Auftritte fielen ihr immer schwerer. Oft mußte sie sich zwingen, morgens aufzustehen, etwas zu essen und dann auch noch vor ein Publikum zu treten. Sadie blieb das nicht verborgen. Sie war längst von der Sekretärin zur Freundin und Vertrauten Adas geworden und von ›stundenweiser Aushilfe‹ war nicht mehr die Rede. Oft kam die junge Frau schon morgens in Adas kleine Wohnung und half bei den wenigen Hausarbeiten. Sie versuchte, Ada zu einem vernünftigen Frühstück zu überreden und davon abzuhalten, gleich wieder ins Büro zu stürmen. Besonders vor Vortragsabenden bestand sie darauf, daß Ada sich schonte. Sadie tippte ihre Reden und bereitete Pressemappen und Artikel vor, klebte Plakate und sorgte für geeignete Vortragsräume. Schließlich begleitete sie Ada zu ihren Terminen und war immer wieder erstaunt über die Veränderung, die in der kranken alten Dame vorzugehen schien, sobald sie das Rednerpult betrat. Ada sprach langsam und eindringlich, schilderte das Leiden der Pferde und fand Worte, die niemand vergessen sollte: »Wenn diese Pferde reden könnten, wenn sie ihre Stimme zu einem einzigen Schrei erheben könnten, so würden die Greuel schnell enden! Aber diese Tiere gehen so ruhig in ihr Verderben, wie sie früher gelassen unter dem Reiter oder vor dem Wagen gegangen sind. Diese Pferde vertrauen dem Menschen! Ein Vertrauen, das jährlich tausendfach aufs grausamste enttäuscht wird! Hiermit erhebe ich Klage im Namen dieser Pferde! Wegen Grausamkeit, Vertrauensbruch und Betrug! Wir müssen ihre Stimme sein!«

Nach diesen Auftritten war Ada zittrig und matt. Sadie gewöhnte sich an, eine Brandyflasche als Medizin bereit zu halten. Ein Schluck Brandy weckte die Lebensgeister ihrer Freundin und ließ sie die anschließenden Fragestunden und Diskussionsrunden besser durchstehen. Wenn Ada die scharfe Flüssigkeit auf der Zunge spürte, dachte sie manchmal an den Abend mit Jules und Jean, als sie an ihrem ersten Cognac genippt hatte. Wie lange war das her ... und wie wenig hatten sie bisher erreicht.

Im Frühjahr 1930 hatte Ada eine Anzahl Parlamentsmitglieder für ihre Sache gewonnen. Wieder versuchte sie es mit einem Gesetzentwurf, unterstützt von Sir George Cockerill, einem Brigadegeneral und engagierten Tierschützer. In Anbetracht der Brutalität in den Schlachthäusern auf dem Kontinent sollte der Lebendexport von alten und kranken Pferden endlich verboten werden. Inzwischen war das Musterschlachthaus in

Lincolnshire eröffnet worden, und Ada argumentierte, durch eine Schlachtung der Pferde im eigenen Land würden obendrein Arbeitsplätze geschaffen.

Ada ahnte, daß sie hier ihren letzten Kampf kämpfte. Wenn es diesmal nicht gelang, den Gesetzentwurf durchzubringen, würden andere ihre Aufgabe weiterführen müssen. Ihre Kräfte waren im Grunde längst erschöpft.

Kurz vor der letzten Lesung des Gesetzentwurfes im Parlament reiste das RSPCA-Mitglied Sir Robert Gower nach Paris, um das Schlachthaus in Vaurirard einer weiteren Inspektion zu unterziehen. Gower setzte sich seit langem für humanere Tötungsmethoden bei der Schlachtung von Pferden ein und führte dazu einen zähen Kampf mit den französischen Behörden, der Schlachterinnung und den Männern vor Ort in den Schlachthöfen. Nachdem er 1929 noch unhaltbare Zustände beklagte, war er jetzt überrascht: Die vielen Demonstrationen humanerer Tötungsmethoden und Unterweisungen im Gebrauch des Bolzenschußgerätes hatten endlich Erfolg gehabt! Inzwischen wurden 95 Prozent aller Schlachtpferde in Frankreich auf schmerzlose Weise getötet, und die Schlachterinnung nahm die Weisung, Pferde mit Hilfe des Bolzenschußgerätes zu töten, in ihre Satzung auf.

Für Robert Gower war das ein großer persönlicher Erfolg, und später honorierte die Französische Regierung seinen Einsatz durch Aufnahme in die Ehrenlegion. In Bezug auf Ada Coles Gesetzentwurf erwies sich Gowers Bericht jedoch als verhängnisvoll.

Angesichts der eklatanten Verbesserungen im Bereich der Schlachtung, des Schlachtpferdetransportes und der Versorgung der Tiere auf ihrer letzten Reise betrachtete das Parlament ihre Eingabe als gegenstandslos.

Wieder einmal war es Lord Lambourne, der seiner alten Mitstreiterin die schlechte Nachricht mitteilen mußte:

»Unsere Möglichkeiten sind ausgeschöpft, Ada, es tut mir leid. Aber die Franzosen waren in der letzten Zeit wirklich kooperativ. Ein Verbot der Exporte unter Hinweis auf ihre tierquälerischen Verhaltensweisen würde sie zu Unrecht brüskieren. Finden Sie sich damit ab, Ada. Und tun Sie zur Abwechslung einmal etwas für sich. Sie sehen krank aus!«

Ada nahm die Zerstörung all ihrer Hoffnungen scheinbar ruhig auf. Sadie bemerkte nur ihre Blässe und ein leichtes Zittern ihrer Hände, aber sie kannte Ada gut genug, um mehr als besorgt zu sein.

»Kommen Sie, Ada, wir trinken einen Brandy«, versuchte sie es mit der bewährten Methode. »Dann bringe ich Sie nach Hause, und wir denken in Ruhe über alles nach. Das ist nicht das Ende, Ada, ich verspreche es Ihnen!«

Ada lachte trocken. »Das haben mir schon andere versprochen. Es ist hoffnungslos, Sadie ... All die Jahre ...« Sie zitterte jetzt am ganzen Körper.

Sadie legte ihr schüchtern und vorsichtig den Arm um die Schultern.

Zu ihrer Überraschung lehnte Ada sich an sie. Ausnahmsweise erlaubte sie sich, schwach zu sein.

Sadie brachte Ada nach Hause, half ihr ins Bett und redete beruhigend auf sie ein. »Es ist nicht hoffnungslos, Ada. Das dürfen Sie nicht glauben. All die Arbeit in der Liga, all die Menschen, die sich für die Pferde einsetzen – das kann nicht umsonst sein! Es ist auch keine echte

Niederlage, Ada! Denken Sie nur, wie lange wir gemeinsam mit Sir Robert gegen die Tötungspraktiken in Frankreich gekämpft haben. Wie sollten uns doch freuen über seinen Erfolg. Und er kommt ja auch nicht nur englischen Schlachtpferden zugute, sondern auch französischen und solchen aus anderen Ländern! Das Zusammentreffen des Berichts mit der Lesung des Gesetzes war einfach ein unglücklicher Zufall. Auf die Dauer kriegen wir unser Gesetz! Bestimmt!«

Ada lächelte müde und sah Sadie fast zärtlich an.

»Ich habe in diesem Leben nie bekommen, was ich mir gewünscht habe ...« sagte sie leise und wie zu sich selbst. »Als Kind hätte ich so gern ein Pony gehabt – aber das stand einem Mädchen nicht zu.

Ich wollte nicht allein sein – aber Effie waren ihr Gott und ihre Berufung so viel wichtiger als ich.

Und dann Jules ... – vielleicht, wenn wir beide mehr Mut gehabt hätten, wenn wir nicht immer daran gedacht hätten, was andere Leute sagen würden ... Aber da waren ja auch noch die Pferde. Wenn wir ihnen helfen wollten, konnten wir nie mehr sein als Freunde ...

Die Freiheit für die Pferde habe ich mir mehr gewünscht als alles andere. Eine Farm für die Pferde, mit Apfelbäumen, grünen Wiesen – statt dessen habe ich einen Schlachthof bekommen ...«

»Sie kriegen Ihre Farm!« flüsterte Sadie und kämpfte mit den Tränen. »Mit hellen Ställen und Weiden ... und vielen glücklichen Pferden. Und Monsieur Jules wird zur Eröffnung kommen ...«

Ada wandte sich ihr zu. »Und eine Tochter habe ich mir gewünscht, seit damals, als ich meine Nichte Violet zum ersten Mal im Arm hatte. Bis jetzt habe ich gedacht, das bliebe auch nur ein Traum. Aber dann bist du gekommen. Wirst du weitermachen, Sadie? Machst du wirklich weiter?«

Sadie straffte sich.

»Ja, das werde ich!« sagte sie fest. »Und wir werden gewinnen!«

Träume

Am nächsten Tag ging es Ada besser. Aber sie wollte vorerst nichts mehr hören von Pferden und enttäuschten Hoffnungen. Ihr Arzt hatte ihr seit Monaten geraten, eine Zeitlang aufs Land zu gehen und ihren Husten auszukurieren. Nun fuhr sie zu William nach Otterbourne, entschlossen, sich ganz ihrer Familie und ihrer Gesundheit zu widmen.

Sadie führte die Arbeit in London fort. Die Räume in Lincoln's Inn Fields waren längst zu klein für die Belange der rasch expandierenden Liga. Sadie fand neue in Bloomsbury Square, und zu ihrer Freude boten sie genug Platz, um eine kleine, behagliche Wohnung für Ada zu integrieren. Gemeinsam mit Adas alten Freunden Violet English und Mrs. Lumley-Holland machte sie sich an die Einrichtung. In ihren Briefen schilderte sie Ada den Fortgang der Arbeiten und weitere Erfolge beim Aufbau der Liga.

»Das Parlament meint vielleicht, unsere Angelegenheit sei ein für allemal erledigt, aber die Menschen sehen das völlig anders! Jeden Tag kommen Leute zu uns und wollen uns unterstützen. Sie sollten die vielen Briefe lesen, die bei uns eingehen! Gestern schrieb ein kleiner Junge, er wolle sein Pony behalten, bis er erwachsen ist, damit es ganz bestimmt nicht in Frankreich beim Schlachter landet. Dabei ist das Pferdchen ein winziges

Dartmoor, und er kann es höchstens noch ein Jahr reiten! Was halten Sie von einer ›Junior-Liga‹? Wir könnten schon die Kinder an den Pferdeschutz heranführen. Ich glaube, ich verfasse mal einen Rundbrief an alle Pony-Clubs. Oder würden Sie das lieber selbst tun? Wir alle freuen uns auf ein Wiedersehen ...«

Ada verbrachte mehrere Wochen in Otterbourne. Sie schrieb von warmen Tagen im Garten und Treffen mit ihren Brüdern und deren Kindern und Enkeln. Offensichtlich erholte sie sich, und als sie endlich ihre Rückkehr nach London ankündigte, wünschte Sadie sich nichts mehr, als sie lebhaft, wach und voller Pläne aus dem Zug steigen zu sehen. Doch schon der erste Blick auf ihre magere Gestalt machte diese Hoffnungen zunichte. Ada schien noch gebrechlicher geworden zu sein, und sie hustete, als sie Sadie begrüßte.

»Ich dachte, Sie wären aufs Land gefahren, um diesen Husten loszuwerden!« sagte Sadie mit gespielter Strenge. »Warum sind Sie nicht noch ein paar Wochen geblieben?«

»Weil ich morgen vor der RSPCA spreche. Die Hauptversammlung, hast du's vergessen? Die Herren haben uns zwar keine Einladung geschickt, aber ich habe trotzdem das Recht, über unsere Arbeit zu berichten. Ich lasse nicht zu, daß die Pferde in Vergessenheit geraten!« Während sie sprach, blitzten ihre Augen in alter Frische. »Und nun zeig mir mein neues Domizil!«

Ada war sehr angetan von der neuen Wohnung und vor allem den großen, hellen Büroräumen. »Aber hier mußt du noch Plakate aufhängen! Und da auf dem Tisch sollten Exemplare des Jahresberichts ausliegen. Die Leute können darin lesen, während sie warten.«

Sadie nickte lächelnd. Vielleicht hatte sie sich doch

getäuscht, und Ada ging es besser. So lebhaft hatte sie sie lange nicht gesehen. Beruhigt beobachtete Sadie, wie Ada Violet und Mrs. Lumley-Holland begrüßte, die zu ihrem Empfang erschienen waren.

Ada hielt den Anschein von Tatkraft so lange aufrecht, bis Sadie und die anderen sie allein ließen. Dann sank sie todmüde aufs Bett.

Ausruhen ... Und dann noch einen Tag durchstehen, noch eine Rede. Noch einmal die Stimme der Pferde sein ...

Sadie hatte sich noch am Abend von Adas Ankunft mit Lord Lambourne und anderen führenden Mitgliedern der RSPCA in Verbindung gesetzt. Es gelang ihr, Adas Rede nachträglich auf die Tagesordnung setzen zu lassen. Die Tierschützer empfingen Ada mit Applaus, als sie das Podium betrat. Ganz offensichtlich hatte sie hier noch viele Freunde – oder war dies nur ein Achtungsapplaus, eine Würdigung früherer Verdienste?

Ada wollte nicht darüber nachdenken. Letztlich war es auch egal. Mit dieser Rede würde sie den Pferdeschutz in die Zukunft führen.

»Bezüglich der Arbeit der Liga gegen Schlachtpferdetransporte gibt es Positives, aber auch Enttäuschendes zu berichten. Wie Sie alle wissen, hat unser Freund Sir Robert Gower in Frankreich bemerkenswerte Erfolge erzielt. Andererseits ist unser Gesetzentwurf zum Verbot der Schlachtpferdetransporte erneut abgelehnt worden. Viele von Ihnen sind nun der Überzeugung, der Kampf. sei vorbei, der Pferdeschutz hätte genügend Schlachten gewonnen, um eine Art Waffenstillstand zu akzeptieren: Wir schicken weiterhin totgeweihte Pferde auf den Kontinent, aber da läßt man sie wenigstens nicht mehr bei lebendigem Leib ausbluten. Vielen von Ihnen genügt das. Aber mir genügt es nicht! Nach wie vor verschleppt man lebende, fühlende Geschöpfe in eine ungewisse Zukunft, nach wie vor haben englische Pferdebesitzer den Freibrief, ihre Tiere einfach wegzuschicken, wie man defekte Geräte wegwirft.

Wird sich das Pferd auf dem Schiff die Beine brechen, weil es in den Transportboxen tobt vor Angst? Wird man es noch für irgendwelche Arbeiten heranziehen bis es endgültig zusammenbricht – vielleicht dazu, halb verendete Artgenossen vom Schlachterkarren zu zerren? Endet es als Versuchstier unter dem Messer ungeschickter Möchtegern-Chirurgen?

Heute gilt es als Demagogie, solche Fragen zu stellen. ›Sie übertreiben, Miss Cole!‹, ›Das sind Ausnahmen, Miss Cole!‹, ›Das kann man nicht ändern, Miss Cole!‹ – Vielleicht glauben Sie, diese Argumente wären mir neu. Aber so ist es nicht, das höre ich seit Jahren. Ich habe es so oft gehört, daß ich manchmal selbst anfange, es zu glauben, aber dann brauche ich nur einmal über einen Pferdemarkt zu gehen oder die Docks zu besuchen. Ich muß mir nur ein Jagdrennen ansehen, in dem ungeübte Reiter schlecht trainierte Pferde vorstellen und anschließend lahmend vom Platz führen, und schon sehe ich neue Kandidaten für Vaurirard.

Vielleicht glauben Sie, unsere Arbeit wäre getan, wenn wir den Tod der Pferde erleichtern. Aber das ist nicht wahr! Wenn wir die Pferde vor dem Schlachter bewahren wollen, so müssen wir mit der Aufklärung ihrer Reiter und Züchter beginnen. Da die Politiker uns nicht hören wollen, müssen wir die Menschen ansprechen, die mit Pferden umgehen. Züchtet weniger, dafür stärkere und bessere Pferde! Reitet sie nicht zu früh ein, sondern gebt ihnen Zeit zu wachsen! Laßt die Pferde arbeiten, aber lenkt sie mit Umsicht und überfordert sie nicht, damit sie nicht früh verschleißen!

Die Industrialisierung, die so vielen Pferden den Tod gebracht hat, bietet künftigen Pferdegenerationen eine einzigartige Chance. Pferde werden jetzt nicht mehr als Arbeitstiere gebraucht, sondern nur noch dazu, den Menschen Freude zu machen, ihre Sport- und Freizeitkameraden zu sein. Wäre es da nicht Zeit, sie ihren Reitern als Mitgeschöpfe vorzustellen statt als Sportgeräte? Neben der weiteren politischen Arbeit sehe ich hier die künftige Hauptaufgabe der Liga. Denn wenn uns das gelingt, dann werden die Menschen ihre Pferde verstehen und lieben. Die Transporte ins Ausland werden ganz von selbst versiegen, denn wer sendet schon seinen Freund nach Vaurirard? Und vielleicht werden die Menschen dann auch ein Exportverbot erlassen, das die Pferde der weniger Einsichtigen schützt. Das ist mein Traum, meine Freunde, daran glaube ich, und dieser Traum wird wahr werden!«

Sekundenlang blieb es still im Publikum, aber dann brandete Beifall auf, tosender, uneingeschränkter Beifall. Ada Cole verließ das Podium. Sie hatte ihre letzte Rede gehalten.

In den nächsten Tagen verschlechterte sich Adas Gesundheitszustand rapide. Sadie bestand darauf, in ihrer Wohnung zu übernachten, um immer in der Nähe zu sein. Aber Ada lehnte ab. »Wie kannst du dich um die Pferde kümmern, wenn du nachts nicht genug Schlaf bekommst!«

Sadie engagierte eine Nachtschwester, schließlich auch eine Pflegerin für den Tag. Sie selbst besuchte Ada, so oft sie konnte. Beide Frauen wußten, daß es zuende ging.

»Soll ich Monsieur Ruhl informieren?« fragte Sadie eines Tages. »Vielleicht möchte er Sie noch einmal sehen?«

Ada schüttelte den Kopf.

»Das ist ... eine andere Wirklichkeit«, sagte sie mit schwachem Lächeln. »Er hat ja schon ... ein Bild von mir.«

Am 17. Oktober, zwei Wochen nach Adas Rückkehr nach London, saß Sadie am Bett ihrer alten Freundin. Adas Schwäche hatte bedrohlich zugenommen und ihre Freunde befürchteten, sie würde die Nacht nicht überleben. Am Vormittag waren Violet und Mrs. Holland bei ihr gewesen, doch sie hatte kaum mit ihnen gesprochen. Auch den Besuch des Arztes am späten Nachmittag nahm sie nicht mehr wahr, aber auf Sadies sanfte Stimme reagierte sie nach wie vor. Sadie würde auch während der Nacht bei ihr bleiben. Sie hielt Adas Hand, bevor sie einschlief.

»Ich hätte gern noch ein bißchen länger gelebt«, flüsterte Ada. »Einfach um zu sehen, wie es weitergeht. Aber es geht weiter. Es muß. Es muß zuende gebracht werden ...«

Sadie nickte und streichelte ihre Hand. »Das wird es, Ada. Aber jetzt müssen Sie schlafen. Schlafen Sie, Ada. Ruhen Sie sich aus.«

Die alte Frau schloß die Augen. Ein Traum, da war ein Traum ... Ada überließ sich der Erinnerung ...

Es ist ein Frühlingstag, warm und leuchtend. Das Gras steht hoch auf den Weiden, ein Meer von Grün und Frühlingsblu-

men. Ada erwartet die Pferde, hört ihren Hufschlag als sie herangaloppieren. Sie spürt ihre Kraft, ihren Atem, sieht ihre glatten Felle, riecht ihren Schweiß.

Plötzlich steht das braune Fohlen vor ihr, mustert sie mit wachen dunklen Augen. Ada berührt seinen warmen Körper, streichelt das Zeichen auf seiner Stirn. Heute wird sie es nicht gehen lassen. Sie folgt ihm, macht ein paar tastende Schritte. Und diesmal hindern sie keine langen Röcke, keine engen Schnürschuhe, keine Sorgen und Ängste. Ada ist frei. Sie läuft mit den Pferden …

Epilog

Wie sie es bestimmt hatte, wurde Ada Coles Körper im Golders Green Krematorium verbrannt. Freunde verstreuten ihre Asche im Garden of Remembrance, einer stillen, gepflegten Parkanlage, die an das Krematorium anschließt und anonyme Bestattungen ermöglicht. Ada brach mit diesen Anordnungen endgültig mit dem Katholischen Glauben, der die Feuerbestattung verbietet.

Das Ausfuhrgesetz für Pferde unter einem gewissen Mindestwert, für das Ada ihr Leben lang gekämpft hatte, wurde erst 1937 verabschiedet. Es brachte die Schlachtpferdetransporte aus England schlagartig zum Erliegen – aber aus anderen Ländern werden die Schlachthöfe in Südeuropa bis heute wie selbstverständlich beliefert. Die Internationale Liga gegen Schlachtpferdetransporte – 1937 änderte sie ihren Namen in ›Internationale Liga für den Schutz des Pferdes‹ (ILPH) – kämpft heute vor allem gegen Transporte aus Osteuropa. Darüber hinaus ist sie jedoch überall auf der Welt aktiv, um die Lebensbedingungen von Arbeits- und Sportpferden zu verbessern. Zu diesem Zweck werden u. a. Lehrschmieden, Sattlereien und Tierhospitäler in der dritten Welt eingerichtet.

Ein anderer, ganz persönlicher Traum Ada Coles verwirklichte sich dagegen schon 1932. In South Mimms bei London eröffnete die Herzogin von Hamilton den ersten Pferdeschutzhof der Liga. Die Ada-Cole-Memorial-Stables boten Platz für fünfzig alte oder mißhandelte Pferde und Ponys. Es gab saubere Ställe, geschützte Ausläufe und Wiesen mit Apfelbäumen.

›Sadie‹ Anne Baum stand damals neben Jules Ruhl. Gemeinsam mit anderen Freunden und Mitarbeitern Ada Coles, Journalisten und Vertretern der RSPCA lauschten sie der Rede der Herzogin und beobachteten den Einzug der Pferde. Die Mitarbeiter der Liga führten eins nach dem anderen auf den Hof: Ausgediente Droschkenpferde aus den Straßen Londons, geschunden und erschöpft, folgten lahmen, abgemagerten Arbeitspferden von ländlichen Märkten. Lediglich ein braunes Pony, geführt von einem dunkelhaarigen jungen Mädchen, warf mutwillig den Kopf und tänzelte erregt an den Zuschauern vorbei. Das weiße Abzeichen auf seiner Stirn, ein klar gezeichneter Keilstern mit einem winzigen braunen Punkt in der Mitte, leuchtete unter einer langen, schwarzen Mähne.

»Was für ein hübsches kleines Ding«, lächelte Jules. »Aber es gehört wohl kaum hierher, oder?«

»Leider doch«, erläuterte Sadie. »Zur Zeit sieht es zwar ganz gesund aus, aber reitbar wird es nicht wieder. Das Opfer eines hoffnungsvollen jungen Springreiters. Es sollte eigentlich zum Schlachter. Aber ein Mädchen aus der Nachbarschaft wollte es unbedingt retten und hat sich bis zu unseren Büros durchgefragt. Na ja, und hier haben wir die beiden! Komm doch mal her, Maud! Ich möchte dir Monsieur Ruhl vorstellen, Präsident der ILPA.«

Das Mädchen trat schüchtern näher und knickste vor Sadie und Jules. Das Pony war weniger gehemmt. Interessiert stupste es Jules Hand an und machte Anstalten, seine Taschen zu durchsuchen.

Erschrocken zog das Mädchen es zurück und entschuldigte sich.

»Macht doch nichts!« lachte Jules. »Das hat mein Pony auch immer gemacht. Ich hatte nämlich ein Pony, als ich klein war, weißt du? Es war ein Schimmel und hieß Beauregard. Und wie nennst du deins?«

Das Mädchen schaute zu ihm auf und wagte ein schüchternes Lächeln.

»Früher hieß sie Princess. Aber für mich ist sie Dream.«

Anhang

Ada Cole in ihrem Büro in Cley. Damals wie heute erforderte Tierschutz viel Schreibtischarbeit, und vor Sadie Baums Einstellung erledigte Ada Cole die Angelegenheiten der Liga fast ohne Hilfe.

Besser als jedes Denkmal! Im Namen Ada Coles kümmern sich auch heute noch Menschen um alte und verwahrloste Pferde. Die Ada Cole Rescue Stables bieten etwa 30 Tieren vom Fohlen bis zum fast 40jährigen Esel Unterkunft und Hilfe.

Ein Blick in den Frachtraum der Transportschiffe. Als Ada Cole ihren Kampf begann, wurden die Pferde dort ohne Trennbalken eingesperrt.

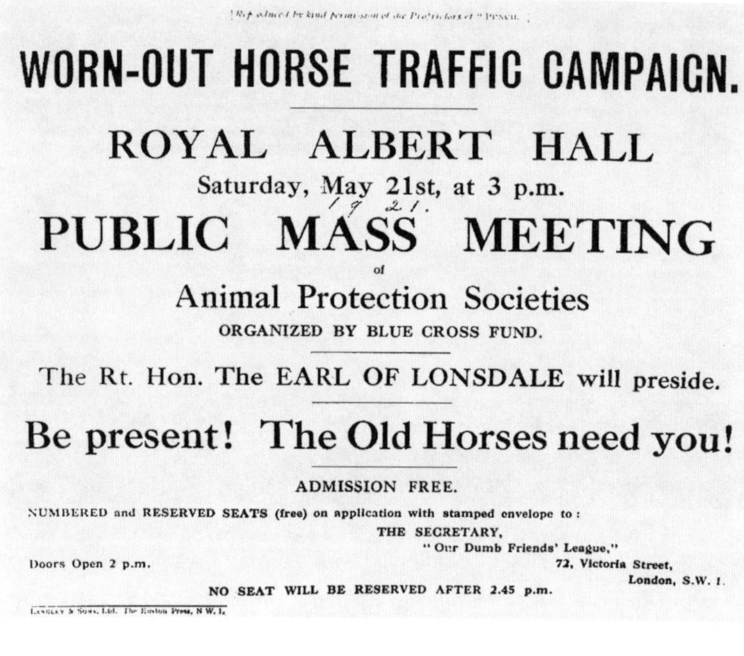

WORN-OUT HORSE TRAFFIC CAMPAIGN.

ROYAL ALBERT HALL

Saturday, May 21st, at 3 p.m.

1921.

PUBLIC MASS MEETING

of

Animal Protection Societies

ORGANIZED BY BLUE CROSS FUND.

The Rt. Hon. The EARL OF LONSDALE will preside.

Be present! The Old Horses need you!

ADMISSION FREE.

NUMBERED and RESERVED SEATS (free) on application with stamped envelope to:

THE SECRETARY,
"Our Dumb Friends' League,"
72, Victoria Street,
London, S.W. 1.

Doors Open 2 p.m.

NO SEAT WILL BE RESERVED AFTER 2.45 p.m.

Langley & Sons, Ltd. The Euston Press, N.W. 1.

Entladen eines der »Todesschiffe«. Viele Pferde starben bereits auf dem Transport oder mußten noch an Bord notgeschlachtet werden.

Einladung zum Tierschützertreffen in der Royal Albert Hall. Im Rahmen von Ada Coles Arbeit gab es viele solcher Tagungen, auf denen das Elend der Schlachtpferde an die Öffentlichkeit gebracht wurde.

THE

International League to Prevent the Export of Horses for Butchery.

"GONE AWAY"

If our horses are necessary for the food supply on the Continent they ought to go as dead meat and not as live animals.

(Rt. Hon. Walter Long. 3rd April, 1914.)

Further Particulars from—THE SECRETARY,

INTERNATIONAL LEAGUE for HORSES,

4 BLOOMSBURY SQUARE,

LONDON, W.C.1.

Das erste Plakat der Liga für den Pferdeschutz: »Wenn unsere Pferde gebraucht werden, um die Ernährung auf dem Kontinent sicherzustellen, dann sollten sie als totes Fleisch gehen und nicht als lebende Tiere.«

*Kurt Peiser dokumentierte das Elend der Pferde mit dem Zeichenstift.
Hier ein Schlachterkarren.*

*Nach dem Entladen der Schiffe in Antwerpen und anderen Häfen hatten
die Pferde noch weite Strecken auf den eigenen Hufen zurückzulegen.
Fiel eines, so wurde es brutal hochgeprügelt.*

Ein Foto aus den fünfziger Jahren. Auch nach dem Verbot der Transporte aus England riß das Elend der Pferde nicht ab. Zum Teil wurden die Tiere sogar aus Übersee in die belgischen, niederländischen und französischen Schlachthäuser geschickt.

Antwerpen in den fünfziger Jahren: Der letzte Transport von Schlachtpferden aus Kanada, bevor die Arbeit der Liga auch dort zum Erfolg führte.

Ada Coles Geburtshaus in Thetford bei Norwich. Es ist heute nach wie vor ein Wohnhaus. Ställe und Wirtschaftsgebäude sind inzwischen jedoch verschwunden.

»Hill Top« in Cley next to Sea. Ada Coles Cottage dient heute als idyllisches Gästehaus. Hier bewacht von Schäferhündin »Hony«.

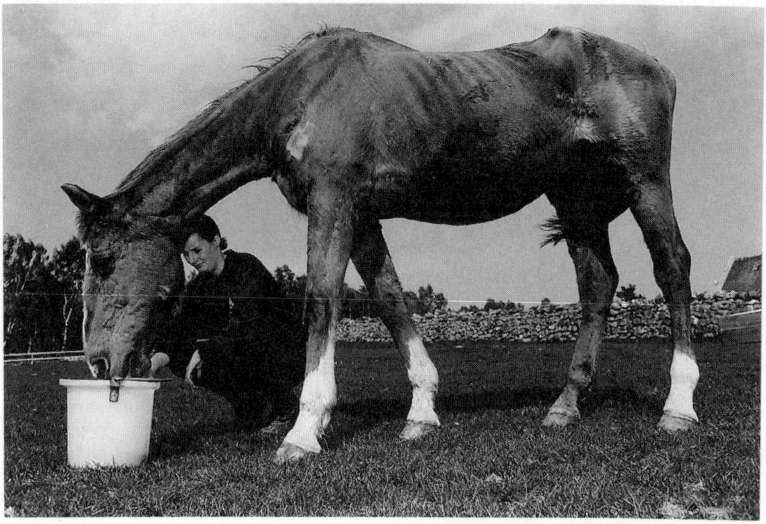

Pferd im Glück. Ein typisches Beispiel für die Rekonvaleszenz eines Pferdes auf den Schutzfarmen der ILPH. Innerhalb weniger Wochen ist aus dem abgemagerten Fuchs (oben) ein gesundes Reitpferd (rechts) geworden, das seiner »Patenfamilie« viel Freude macht.

Zeittafel

01.01.1860	Geburt Ada Coles in Thetford, Norfolk
11.11.1860	Geburt Louisa »Effie« Coles
1884	Ada beginnt in London eine Ausbildung als Krankenschwester.
1891	Effie tritt dem Orden der *Little Sisters of the Assumption* bei.
1900 –1910	Ada arbeitet als Gemeindeschwester in Norwich und beginnt, sich im Tierschutz zu engagieren.
1911	Ada Cole beobachtet erstmals die Ankunft von Schlachtpferdetransporten in Antwerpen.
1911 – 1913	Jules Ruhl und Ada Cole dokumentieren die Leiden der Schlachtpferde in Belgien, Holland und Frankreich.
05.03.1914	Erlaß des *Exportation of Horses-Act.*
1914 – 18	Während des Ersten Weltkriegs betätigt sich Ada Cole im Widerstand. Ebenso wie ihre Schwester Effie verbringt sie die letzten Kriegsmonate im Antwerpener Militärgefängnis.
1919	Ada kehrt zurück nach England und muß feststellen, daß die Schlachtpferdetransporte erneut eingesetzt haben.
1920 – 1923	Weitere Inspektionen und Dokumentationen der Zustände in französischen Schlachthöfen.

1927	Ada Cole gründet die *International League against the Export of Horses for Butchery.*
1927	Sadie Baum (Anne Colvin) wird als Sekretärin eingestellt.
Dez. 1928	Louisa »Effie« Cole – Mutter Catherine Mary – stirbt in Lyon.
1929	Klondike Abattoir, ein Modellschlachthof, wird in Lincolnshire eröffnet. Die Pferde werden hier nicht nur auf schmerzlose Art getötet, sondern verbringen auch ein paar letzte Tage bei guter Pflege und Fütterung.
17. 07. 1930	Ada Cole hält ihre letzte Rede vor der RSPCA, der *Royal Society for the Prevention of Cruelty to Animals.*
17. 10. 1930	Ada Cole stirbt in London.
1932	In South Mimms eröffnen die *Ada Cole Memorial Stables.*
1937	Das englische Parlament erläßt endlich ein umfassendes Gesetz gegen Schlachtpferdetransporte. Es ist bis heute das fortschrittlichste in Europa.
	Die Liga ändert ihren Namen in *International League for the Protection of Horses.*

Die Arbeit der International League for the Protection of Horses (ILPH)

Unter dem schlichten Motto »The ILPH is working« betreibt die *International League for the Protection of Horses* heute unterschiedlichste Projekte rund um den Globus. Mit über 90 000 Mitgliedern ist sie die größte Pferdeschutzorganisation der Welt.

Die Arbeit der ILPH gliedert sich in politische Aktionen wie etwa Unterschriftenaktionen und Petitionen gegen Schlachtpferdetransporte, individuelle Hilfe für alte und mißhandelte Pferde und Entwicklungshilfeprojekte in der Dritten Welt. Die ILPH geht grundsätzlich davon aus, daß die meisten Fälle von Grausamkeit gegenüber Tieren nicht aus Bosheit, sondern eher aus Unkenntnis geschehen. Die Schulung der Pferdehalter nimmt deshalb einen breiten Raum ein – sowohl in Entwicklungsländern als auch im Bereich der Nutzung des Pferdes im Sport. Allein in Großbritannien sind 15 hauptamtliche Mitarbeiter tätig, um die Reitsportszene zu überwachen und schon junge Reiter in den verantwortungsvollen Umgang mit dem Tier einzuweisen. Zur Gewinnung weiterer Kenntnisse über den Sportpartner Pferd unterstützt die ILPH Forschungsprojekte im Bereich der Tiermedizin.

Bei der ILPH-Arbeit in Entwicklungs- und Schwellenländern geht es hauptsächlich um die Verbesserung der Situation von Arbeitspferden, Eseln und Maultieren. Die ILPH bietet veterinärmedizinische Versorgung durch Einrichtungen wie etwa das Brooke Hospital in Kairo, betreibt aber auch Programme zur Ausbildung von Schmieden und Sattlern zwischen Mexiko und den Fidschi-Inseln. Pferdeschutz schafft auf diese Weise neue Arbeitsplätze. Die Hilfe der Tierärzte, aber auch die Versorgung mit passenden Hufeisen und Geschirren erhält außerdem die Arbeitskraft der Tiere, von der oft das Einkommen ganzer Familien abhängig ist.

Während sich die Aktivitäten in fernen Ländern weitgehend im Verborgenen abspielen, sind die *Rest- and Rehabilitation-Centers* in England Aushängeschilder der ILPH-Arbeit. Wie Ada Cole es sich wünschte, werden hier alte und mißhandelte Pferde betreut. Aber die ILPH-Farmen sind weit mehr als Gnadenhöfe. Neben weitläufigen Stallungen und Weiden finden sich gepflegte Reitanlagen, denn ein Schwerpunkt der Arbeit liegt in der Ausbildung der hier gestrandeten Pferde und ihre Weitervermittlung in gute Hände. Letztlich erweisen sich nur wenige mißhandelte oder verstoßene Pferde als dauerhaft unbrauchbar. Viele Opfer von Grausamkeit und Vernachlässigung werden völlig gesund, andere, wie etwa ›ausgediente‹ Sportpferde, können unter Freizeitreitern noch jahrelang leichtere Arbeit tun. Verkauft wird allerdings nie ein Pferd der Liga. Die neuen Besitzer nehmen die Tiere in Patenschaft zu sich und erklären sich mit unregelmäßigen und unangemeldeten Besuchen von ILPH-Inspektoren einverstanden.

ILPH-Farmen sind fest integriert in die englische Pferde- und Reitsport-Szene. *Overa House Farm* in Norfolk ist zum Beispiel eine Basis für den Behindertenreitsport, und wenn einem Freizeitreiter sein Problempferd über den Kopf wächst, kann er bei den Bereitern der ILPH um Rat fragen. Kommt es bei der Kavallerie oder der berittenen Polizei zu Unfällen, so landen verletzte Pferde meist zur Erholung auf einer ILPH-Farm – und als sich eine als Polizeipferd angeschaffte Stute überraschend als trächtig herausstellte, wurde das Fohlen dort aufgezogen und angeritten. Inzwischen tut es selbst Dienst bei einer Polizeistaffel.

Jedes Pferd auf einer ILPH-Farm hat seine Geschichte, und alle sind es wert, erzählt zu werden. Die Mitarbeiter veranstalten insofern gern Führungen für Besucher. Alle Höfe sind Interessenten zugänglich und empfehlen sich als lohnende Ausflugsziele. Mit Picknickplätzen, Coffeeshops und Souvenir-Läden sind sie auf Besucherverkehr eingestellt. Der Erlös von Tassen, T-Shirts und Schlüsselanhängern mit ILPH-Emblem kommt dann wieder den Pferden zugute.

Zum Wohle der Pferde funktioniert auch die Zusammenarbeit mit Turnierveranstaltern und Sportreitern – oft gehen Preisgelder als Spenden an die ILPH. Und jedes kleine Mädchen, das von einem eigenen Pony träumt, kann zum Taschengeldpreis ein Pferd »adoptieren«. Das Poster des vierbeinigen Patenkindes hängt dann im Kinderzimmer, und wenn die Eltern mitspielen, kann das Pferd jeden Sonntag besucht werden.

Die ILPH unterhält Tochterorganisationen in vielen Ländern Europas. In Deutschland wird sie durch die »Deutsche Vereinigung für den Schutz des Pferdes« (DVSP) vertreten. In der Schweiz konstituiert sich soeben die SVSP.

Weltweite Adressen der ILPH

International League for the Protection of Horses
Anne Colvin House
Snetterton
Norfolk,
NR16 2BR
Tel. 01953/498682

Schweizerische Vereinigung zum Schutz des Pferdes
Goldackerstr. 14
CH-8500 Frauenfeld
Tel./Fax 052 721 39 36

Cyprus Horse Society
PO Box 4202
Nicosia, Zypern

Helenic League for the Protection of Horses and other Equines (HELP Equines)
26 Efroniou Street
16121 Athens, Griechenland

ILPH NZ Inc
PO Box 10
368 Te Rapa
Hamilton, Neuseeland

ILPH Israel
16/13 Hacarmel Street
Kfar Saba 44214, Israel

ILPH Inc
PO Box 2653
Santa Barbara
CA 931022633, USA

The National Thoroughbred Trust
PO Box 74439
Turffontein 2140, Südafrika

Die Deutsche Vereinigung zum Schutz des Pferdes (DVSP)

Die Deutsche Vereinigung zum Schutz des Pferdes e. V. besteht seit 1995. Sie begann ihre Arbeit mit einer Unterschriftensammlung gegen Schlachtpferdetransporte, initiiert von der ILPH. Europaweit kamen dabei 3,2 Millionen Unterschriften zusammen, die dem Europäischen Parlament vorgelegt wurden. Eine Woche nach dieser Aktion kam es in der Europäischen Union zum ersten Gesetz zur Regelung von Schlachttiertransporten.

Ganz in der Tradition der ILPH vereint auch die DVSP politische Arbeit mit praktischem Pferdeschutz. Ihr vorrangiges politisches Ziel sieht sie in der Beseitigung der skandalösen Zustände bei den Schlachtpferdetransporten. Dazu fordert sie eine 24-stündige Quarantäne für alle Importe von Pferden zu Schlachtzwecken. Nur durch einen solchen Zwangsaufenhalt wird eine sorgfältige Untersuchung der Tiere an der Grenze gewährleistet, die nicht nur Grausamkeiten durch den Weitertransport schwerkranker Pferde verhindert, sondern auch die Diagnose ansteckender Krankheiten ermöglicht. Damit wird die einheimische Pferdepopulation wirksam vor Infektionen mit neuen oder in unseren Breiten längst ausgestorbenen Erregern geschützt. Langfristig spricht sich die DVSP für eine europaweite Kennzeichnung aller Pferde mit Mikrochips aus. Dieses System soll verhindern, daß Schlachtpferde doch wieder in drittklassigen Reitbetrieben landen. Es wäre zudem ein nützliches Instrument gegen Pferdediebstahl.

Die praktischen Schwerpunkte des Pferdeschutzes liegen auch in Deutschland auf Aufklärung und Schulung von Pferdehaltern, sowie Hilfe und Rehabilitation für verwahrloste und mißhandelte Pferde liegen. Auch im »Pferdeland« Deutschland besteht durchaus Bedarf an Beratung und Information über artgerechte Pferdehaltung und pferdefreundliches Reiten. Ebenso wie die ILPH befürwortet die DVSP den Einsatz des Pferdes im Sport, aber er sollte nicht mit 24stündiger Boxhaltung, Einzelhaltung und schmerzhaften Manipulationen zur Verbesserung der Leistungen verbunden sein.

Die DVSP unterstützt einige Gnadenhofprojekte mit finanziellen Mitteln und fachkundiger Beratung. Langfristig ist ein Rehabilitationszentrum nach dem Vorbild der ILPH-Ställe geplant. Um diesen Traum zu verwirklichen wird jedoch die Hilfe vieler neuer Mitglieder und Sponsoren benötigt.

Die DVSP ist auf vielen Messen und Turnieren mit Informationsständen vertreten. Alljährlich verleiht sie einen Preis für Horsemanship an Menschen, die sich in Deutschland um das Pferd verdient gemacht haben. Bekannteste Preisträgerin ist bisher Linda Tellington-Jones. Sie unterstützt die DVSP aktiv seit ihrer Gründung.

Deutsche Vereinigung für den Schutz des Pferdes e. V.
Geschäftsstelle
Wienkamp 11 rechts
D-46354 Südlohn
Tel.: 02862/8189
Fax: 02862/8013
E-Mail: 028628189@t-online.de

Auf einen Blick: Die Ziele der DVSP

- Ersatz der Lebendtransporte von Schlachttieren durch Kühltransporte
- Hilfe und Rehabilitation für verwahrloste oder mißhandelte Pferde
- Kampf gegen Mißhandlungen im Bereich der Pferdehaltung, des Reitens und des Pferdesports
- Befürwortung und aktive Unterstützung von Gesetzesverbesserungen im Bereich des Tierschutzes, Aufnahme von Kontakten zu verantwortlichen Regierungsstellen
- Bereitstellung von ›Gnadenhof-Plätzen‹ für Pferde
- Schulungsprogramme in Pferdehaltung und -pflege
- Stipendien und Unterstützung von Projekten an Veterinärinstituten
- Kampf gegen Pferdediebstahl
- Weltweiter Dialog, auch über das Internet

Mit elf Schwarz-Weiß-Abbildungen aus dem Archiv der International League for the Protection of Horses, Norwich, und vier Fotos von Christiane Gohl, Detmold.

Umschlaggestaltung von Atelier Reichert, Stuttgart, unter Verwendung eines Fotos von Tomáš Míček, Liebenau (Österreich).

Die Deutsche Bibliothek-CIP-Einheitsaufnahme
Gohl, Christiane:
Im Namen der Pferde : das kämpferische Leben der Ada Cole / Christiane Gohl. – Stuttgart : Kosmos, 1997
ISBN 3-440-07489-7

Printed in Czech Republic / Imprimé en République tchèque
ISBN 3-440-07489-7
Satz: Fotosatz Reinhard Amann, Aichstetten
Herstellung: Die Herstellung, Stuttgart
Druck und Bindung: Těšinská Tiskárna, Český Těšín